KB188094

감사가 주는
삶의 행복

감사가 주는
삶의 행복
(이기 일감)

임상호·조현선 지음

북카라반
CARAVAN

_____ 님

당신은 세상에서 가장 귀중한 분입니다.

건강하고 행복한 가정을 세우는 천사입니다.

항상 승리하십시오.

감동적이고 유익하며 접근성이 뛰어난 책

이형신_대한예수교장로회 고신총회 은혜교회 담임목사

"감사는 하나님의 뜻입니다." • 데살로니가전서 5:18

이 말씀은 감사하는 삶이 단순한 감정의 표현이 아니고 신앙의 핵심 요소임을 상기시켜 줍니다. 하나님은 우리가 어떤 상황에서도 감사를 잃지 않고 살기를 바라십니다. 진정한 감사는 편안하고 즐거운 일만이 아니라 힘든 상황 속에서도 발견할 수 있는 것이며 이를 통해 우리는 신앙의 성숙을 경험하게 됩니다.

이 책은 '범사에 감사하라'는 하나님의 명령을 실제로 이행한 저자의 삶의 이야기를 담고 있습니다. 저자는 오랜 신앙생활을 하지는 않았지만 기독교의 본질에 깊이 있게 접근하여 독자에게 중요한 메시지를 전달합니다. 이 책을 다음의 세 가지 이유로 추천합니다.

첫째, 감동적입니다. 저자가 교회를 다니기 시작한 후 마주한 갑작스러운 질병이나 배신과 같은 고난 속에서도 감사를 잃지 않으려 애쓰는 모습을 통해 많은 독자에게 깊은 감명을 줄 것입니다. 이 책은 어려움에 처한 이들에게 위로와 희망을 선사할 것입니다.

둘째, 유익한 내용입니다. 신앙이 성장하기를 바라고 있지만 정체된 상태에 있는 이들에게 실질적으로 적용 가능한 많은 교훈을 제공합니다. 매일 하나의 말씀을 묵상하고 이를 삶에 적용한다면, 자연스럽게 감사하는 마음을 얻을 수 있을 것입니다.

셋째, 접근성이 뛰어납니다. 저자가 전달하는 내용은 누구나 쉽게 이해할 수 있도록 구성되어 있으며 기독교의 가르침에 가까워질 수 있는 기회를 제공합니다. 예수님을 알게 되기를 원하는 친구나 지인에게 이 책은 훌륭한 선물이 될 것입니다.

기독교의 핵심적 가르침인 '감사'를 여러 면에서, 또 깊이 있게 실천한 저자의 글을 기쁘게 추천합니다.

추천사 2

감사가 주는 삶의 행복

강창기_국군교회 장로

언제나 삶 속에서 기쁘게 기도하며 감사드리며 살아가
길 소원합니다.

『감사가 주는 삶의 행복』을 읽으며 주님께서 함께하고
계심을 믿고 순종했습니다.

책을 읽으며 뜨거운 눈물을 흘렸고, 그렇게 살아야 했
는데 하며 회개했습니다. 성경을 이해하는 것은 어렵고 온
전한 믿음을 갖는 데는 시간이 걸립니다. 성경은 자세하게
오래 보면서 기도드리며 보아야 이해를 하게 됩니다. 그런

데 쉽고 재미있게 쓴 이 책은 교훈과 감동을 주었습니다. 편하게 읽을 수 있고 오랫동안 기쁨을 주었습니다.

행복은 진리 안에서 자유함을 누리는 것입니다. 모든 문제의 해답은 성경 속에 있습니다. 성경 입문서와 수련회 교재로 사용하면 좋을 것 같습니다. 관상기도를 알게 되어 매일 행복을 느끼면서 살아가고 있습니다.

신앙과 관계없이 읽어도 은혜가 가득할 것 같습니다. 무엇보다 초신자가 읽으면 성경에 스며드는 시간이 빠를 것 같습니다. 집안의 상비약처럼 보관하고 자주 읽으면 은혜가 될 것입니다. 저자의 새로운 글을 기대하면서 은혜로운 책에 깊은 감사를 드립니다.

머리말

항상 기뻐하라

쉬지 말고 기도하라

범사에 감사하라 이것이 그리스도 예수 안에서 너희를 향
하신 하나님의 뜻이니라 • 데살로니가전서 5:16-18

예수를 영접하고 회심한 후 데살로니가전서의 이기(기
뻐하라, 기도하라) 일감(감사하라)은 내 삶의 새로운 화두가
되었다. 이 세상은 온갖 슬픔과 실패와 좌절과 스트레스와
유혹이 넘치며 때로는 병마에 시달리고 때로는 정신적인
문제에 적나라하게 노출되어 있다. 우리는 대중 속에서도

늘 고독하며 영적인 목마름으로 늘 지쳐있다. 이 험난한 세상을 살아가면서 우리는 어디서 안식을 찾을 수 있을까?

하나님의 말씀처럼 항상 기뻐하고, 쉬지 말고 기도하고, 범사에 감사하며 살아간다면 우리는 세상이 주는 모든 고난을 이겨내고 끊임없이 솟아나는 행복에 이를 수 있을 것이라 믿고 있다.

이 책은 기존의 성경 공부 교재와는 조금 다른 측면에서 편집해 보았다. 우리의 삶에서 만나는 여러 가지 문제들에서 가능하면 쉽게 말씀을 적용해 가는 과정과, 감사와 용서를 통하여 은혜에 이르는 원리를 다루었으며, 조금 더 쉽게 말씀에 친숙해 질 수 있도록 고민하였다. 짧은 이야기책을 읽듯이 짜투리 시간에 편하게 읽으면 된다.

기독교인이 아닐지라도 많은 사람들이 조금 더 쉽게 하나님의 말씀을 접할 기회가 되기를 기대한다.

♥ Contents

하나.

사랑합니다.

둘. 감사합니다

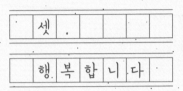

셋.

행복합니다

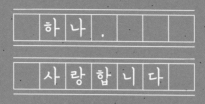

사랑은 오래 참고 사랑은 온유하며 시기하지 아니하며 사랑은 자랑하지 아니하며 교만하지 아니하며 무례히 행하지 아니하며 자기의 유익을 구하지 아니하며 성내지 아니하며 악한 것을 생각하지 아니하며 불의를 기뻐하지 아니하며 진리와 함께 기뻐하고 모든 것을 참으며 모든 것을 믿으며 모든 것을 바라며 모든 것을 견디느니라 _고린도전서 13:4-7

하나님을 팝니다

20세기 초, 미국 서부의 작은 도시에서 일어난 일이다.

어느 날, 10살 정도의 남자아이가 1달러를 손에 꼭 쥐고 거리에 있는 상점마다 들어가 이렇게 물었다.

"안녕하세요? 혹시 하나님을 파시나요?"

이 황당한 질문에 가게 주인들은 안판다고 말하거나 혹은 아이가 장사를 방해한다고 생각해 매몰차게 내쫓기도 했다. 해가 점점 지고 있었지만 아이는 끝까지 포기하지 않았고 69번째 가게에 들어갔다.

"안녕하세요? 혹시 하나님을 파시나요?"

가게 주인은 60이 넘은 머리가 하얀 노인이었다. 그는 미소를 지으며 아이에게 물었다.

"애야, 하나님을 사서 무엇 하려고 그러니?"

자신에게 제대로 말을 걸어주는 사람을 처음 본 아이는 감격하여 눈물을 흘렸고, 자신의 사연을 노인에게 털어 놨다. 아이의 부모는 오래전 세상을 떠났다고 했다. 그리고 지금은 삼촌이 돌봐주고 있는데, 얼마 전 삼촌마저 건축 현장에서 떨어지는 사고를 당해 현재 혼수상태에 빠졌다고 말했다. 아이는 의사에게 삼촌을 꼭 좀 살려달라고 빌었는데 그때 삼촌을 치료하던 의사가 아이에게 이렇게 말했다는 것이었다.

"애야, 삼촌을 구해 줄 분은 하나님 밖에 없단다."

하나님이 뭔지를 몰랐던 아이는 이 말을 듣고 그게 정말 신기하고 소중한 물건이라고 생각했다. 순진한 아이는 의사에게 말했다.

"제가 하나님을 사와서 삼촌에게 먹일게요. 그러면 꼭 나을 거예요!"

아이의 말을 들은 노인은 눈시울이 이내 붉어져서 아이에게 물었다.

"돈은 얼마나 갖고 있니?"

"1달러요."

"마침 잘 됐구나. 하나님은 딱 1달러거든?"

노인은 아이의 돈을 받아 선반에 있던 〈하나님의 키스〉라는 음료수를 건네주었다. 그리고 아이에게 이렇게 말했다.

"여기 있단다. 얘야, 이 '하나님'을 마시면 삼촌이 금방 나을 거야."

아이는 기뻐하며 음료수를 품에 안고 쏜살같이 병원으로 뛰어갔다. 병실에 들어가자마자 아이는 자랑스럽게 소리쳤다.

"삼촌! 제가 하나님을 사왔어요. 이제 곧 나으실 거예요."

다음 날, 무슨 일인지 세계 최고의 의료 전문가들이 전용기를 타고 이 작은 도시에 몰려들었다. 그리고 아이의 삼촌이 있는 병원으로 달려와 삼촌의 상태를 진찰했고 모두 모여서 정성껏 치료를 한 결과 아이의 삼촌은 정말로 병이 낫게 되었다. 아이의 삼촌은 퇴원할 때 천문학적인 병원의 청구서를 보고 깜짝 놀라 쓰러질 뻔했다.

하지만 병원 측은 어떤 억만장자 노인이 이미 치료비를 전부 지불했다고 말했다. 알고 보니 삼촌을 진찰하고 치료한 의료진들은 모두 이 노인이 고용한 사람들이었다. 삼촌은 나중에야 아이가 마지막으로 들른 가게의 주인이 억만장자 노인 이었다는 사실을 알게 됐다. 돈이 많은 이 노인은 무료할 때 가끔씩 가게에서 적적한 시간을 보내곤 했던 것이다.

감격한 삼촌은 아이와 함께 노인의 가게로 찾아갔다. 하지만 노인은 이미 여행을 떠난 상태였다. 가게 점원은 이들에게 이번 도움을 마음에 크게 담아두지 말라는 말과 함께 노인이 쓴 편지를 전해 주었다.

편지의 내용은 이랬다.

젊은이, 내게 고마워할 필요 없네, 사실 모든 비용은 자네의 조카가 다 낸 것이니 말일세. 자네에게 이런 기특한 조카가 있다는 것이 정말로 행운이라는 걸 말해주고 싶네.

자네를 위해서 1달러를 쥐고 온 거리를 누비며 하나님을 찾아 다녔으니 말이야. 그리고 하나님께 감사하게. 자네를 살린 건 그분이니 말일세!

다시 들어도 감동이 큰 이야기이다. 1달러를 들고 하나님을 사러 다닌 아이가 갸륵하기 짝이 없다.

우리의 주변, 우리의 열방 가운데는 하나님을 필요로 하는 사람들이 너무도 많다. 아이는 하나님을 1달러에 샀지만, 우리는 누구나 다 그분을 무료로 살 수 있다. 오늘 이 아이처럼 하나님을 사야 할 이들이 우리 주변에 너무도 많다. 우리는 그들에게 하나님을 잘 판매하고 있는지 스스로 반성해 본다.

만나는 누구에게나 소리쳐 외쳐보자. 하나님을 팝니다!!!

**묵상
노트**

　믿음의 출발은 은혜이지 행위가 아니며, 우리의 삶에 누려온 모든 것이 당연한 것은 하나도 없고 다 하나님의 은혜입니다.

　하나님의 무한한 은혜를 입은 우리는

　1. 하나님을 마음을 다해 사랑하고
　2. 이웃을 내 몸과 같이 사랑하고
　3. 우리의 형제자매와 다음 세대에 하나님을 전하며 행
　　복하게 살아갈 의무와 권리가 있습니다.

용서는 위대한 힘

춘추시대 때 초나라의 장왕이 전쟁에서 이긴 기념으로 문무백관을 모아 성대한 연회를 열어서 한창 즐기고 있는데 광풍이 불어서 모든 등불이 다 꺼졌다. 다들 꽤 취해서 그러려니 하고 놀고 있는데 왕의 애첩이 비명을 지르더니 장왕에게 가서 "누군가가 어둠을 틈타 저의 가슴을 만지고 희롱했습니다. 제가 그 남자의 갓끈을 뜯어 표시를 해두었으니 등불을 켜고 갓끈이 없는 자를 잡아주세요"라고 호소했다.

그러자 장왕이 다들 격식 차리지 말고 편하게 즐기자며

모두 갓끈을 풀게 한 뒤에 등불을 켜서 결국 범인은 찾아
내지 못한 채 연회가 끝났다. 왕의 후궁을 추행 했으니 범
인이 밝혀졌으면 목이 달아날 정도의 큰일이었고, 왕의 위
엄에 흠을 주는 큰 사건이었지만 장왕은 술자리에 후궁을
부른 자신의 경솔함 때문이라고 범인을 용서한 것이다.

몇 년 뒤에 진나라와 초나라가 전쟁을 했는데 초나라
가 져서 장왕의 목숨이 위태로운 상황에 처했을 때 한 장
수가 목숨을 걸고 피투성이가 된 채로 장왕을 구했다. 그때
장왕이 묻기를 "내가 그대에게 특별히 잘해준 일이 없는데
어찌하여 목숨을 걸고 싸웠는가?" 하자 그 장수는 "3년 전
폐하의 애첩을 희롱했던 남자는 저였으며 그때 폐하의 은
덕이 아니었다면 이미 죽은 목숨이었기에 이후로는 목숨
을 바쳐 은혜에 보답하려 했습니다"라는 말을 남기고 숨을
거두었다. • 출전, 절영지연의 고사

묵상
노트

그때에 베드로가 나아와 이르되 주여 형제가 내게 죄를
범하면 몇 번이나 용서하여 주리이까 일곱 번까지 하오리
까 예수께서 이르시되 네게 이르노니 일곱 번뿐 아니라 일
곱 번을 일흔 번까지라도 할지니라 • 마태복음 18:21-22

원수를 갚는 것은 또 다른 적을 만드는 것이지만 용서
하는 일은 친구를 얻는 것입니다. 성경 말씀에도 "일곱 번
씩 일흔 번까지라도 용서해 주어라"라고 하였습니다. 어
떠한 경우에도 사람을 잃지 마십시오. 내가 가진 모든 능력
보다 나를 더욱 빛내줄 위대한 힘이 되어줄 것입니다.

사람이 당신의 재산입니다.

누가 누구에게 불만이 있거든 서로 용납하여 피차 용서

하되 주께서 너희를 용서하신 것 같이 너희도 그리하고

• 골로새서 3:13

하나님께서는 우리에게 용서하며 기도하라 하였습니다. 용서, 즉 화목 없이 기도하면 응답받을 수 없습니다.

기도의 응답과 용서는 불가분의 관계입니다. 힘들어도 용서를 먼저 해야 하며 이는 주님의 명령이기 때문입니다. 용서는 타락한 인간의 성품이 아닌 하나님의 선한 성품입니다.

시련의 극복

　필자는 2020년 5월 국가건강검진을 동네 병원 내과에서 받게 되었다. 이전 보다 위 내시경 시간이 길어져 내심 꺼림직 했는데 아니나 다를까 검사를 담당한 의사가 검사 중에 위에 선종이 있어서 조직을 떼어 조직검사를 의뢰했으며 결과는 일주일 뒤에 나온다고 안내를 해 주었다. 조직검사라는 말이 귀에 거슬렸으나 일주일 뒤 결과를 확인하러 갔더니 다행히 암은 아니나 향후 암으로 변형될 수 있으니 대형병원에 가서 제거 수술을 하라고 권유를 받았다.

　위내시경 검사 한 것을 CD로 받아서 필자가 정기적으

로 다니는 보라매 서울대 운영병원에 갔더니 담당 의사가 암일 확률이 50퍼센트 정도 되니 다시 정밀 검사를 해보자고 권유해서 검사를 받고 확인한 결과 암으로 확정되었다. 결과를 듣고 아내가 너무 놀라서 걱정을 하니 의사가 아직 초기라서 3박 4일 정도 입원해서 위 내시경 시술을 하면 성공 확률이 매우 높다고 해서 속으로 다행이다 생각하고 하나님께 감사의 기도를 드렸다.

수술 예정 날짜에 입원해서 위 내시경 시술의 여러 가지 준비를 하고 액체 마취약을 먹는 과정에서 갑자기 재채기가 나서 약을 거의 다 뱉어 버리게 되었는데 이러한 사정을 말 할 틈도 없이 시술이 진행되게 되었다. 대장내시경 검사가 끝나고 시술이 진행될 때 예상대로 마취 효과가 없어지게 되고 수면에서 깨어나 엄청난 통증을 느끼게 되었다. 한참 위 조직을 잘라내는 중인데 통증으로 시술을 거부하는 사태가 발생하여 시술이 잠시 중단되었으며 보호자인 딸을 불러서 의사가 상황을 설명했다.

"지금 시술을 중단하고 임시 봉합하여 재입원을 한 뒤 며칠 후에 다시 시술 하게 되면 결과가 나쁠 수도 있고 위험 할 수도(최악의 경우 사망 할 수도 있다고) 있습니다. 지금 시술을 계속 하는 것이 가장 좋으나 마취가 깬 상태에서 시술을 하게 되면 엄청난 고통을 이겨 내기 힘들 것이니 보호자가 선택을 해주십시오."

나는 마취가 깨어 있어 그 이야기를 듣고 '에라! 죽기 살기로 참아 보자' 하고 시술을 진행해 달라고 요청을 하였다. 속으로 계속 하나님께 기도하는 와중에 시술이 진행되었으며 그 과정에서 상상도 할 수 없는 참기 어려운 고통이 밀려왔으나 간호사가 내 손을 꼭 잡아 주는 것이 마치 하나님이 잡아 주시는 것 같아 이를 의지하여 고통을 이겨내며 시술을 마칠 수 있었다. 시술이 끝난 후 의사가 고생 많이 하셨고 엄청 힘이 드셨을 테지만 시술은 잘 됐다는 말을 듣고 안심하면서 하나님의 인도로 지옥문을 빠져 나오는 감동을 받았다.

필자에게는 참으로 고통스러운 시간이었으나 그 동안
책을 출판하려고 이것저것 모아둔 원고를 병원에 입원하
여 정리 할 수 있는 기회를 얻게 되어 많은 도움이 되었고
모든 것이 다 하나님의 계획 아래 이루어진다는 것을 다시
한 번 깨우치는 계기가 되었다.

묵상
노트

사람이 감당할 시험 밖에는 너희가 당한 것이 없나니 오직 하나님은 미쁘사 너희가 감당하지 못할 시험 당함을 허락하지 아니하시고 시험 당할 즈음에 또한 피할 길을 내사 너희로 능히 감당하게 하시느니라. • 고린도전서 10:13

하나님은 우리에게 우리가 견딜 수 있을 만큼만의 시련을 주셔서 참고 이겨 낼 수 있게 하시고, 우리를 더욱 강인한 사람으로 다시 태어나게 하시어 어떠한 고난도 다 이겨 내면서 하나님이 원하시는 길로 나아갈 수 있도록 은혜를 베풀어 주십니다.

욕심은 만악의 근원

　자본주의와 금전만능의 시대에 살고 있는 우리는 돈으로 얼마든지 행복을 살 수 있다는 환상에 젖어있다. 우리는 사업에서의 큰 성공, 직장 내의 승진, 어떤 목표의 성취에서 종종 희열과 행복을 구하기도 한다. 실패할 때는 쉽게 좌절과 절망에 빠져서 나는 왜 하는 것 마다 안 되고 불행하기만 할까 하며 한숨을 터뜨린다.

　행복을 바라보는 이랑이 높을수록 불행의 골도 깊을 수밖에 없다. 돈으로 살 수 없는 행복들, 예를 들어 가족 간의 따뜻한 사랑, 부모님의 가없는 애정, 이웃의 다정한 보살

핌, 주위의 따뜻한 말들, 하나님이 주시는 위로와 평강 등
을 모르고 살아갈 때 안타까움을 느낀다.

필자는 보험계리사로서 금융 전문가이며 오랜 기간 한
신대학교 응용통계학과에서 후진을 양성한 지식인이었지
만 욕심으로 인해 보이스피싱을 당한 아픈 기억이 있어 이
자리를 빌어서 반성해 본다.

한 때 큰돈을 벌어 보려는 욕심에서 좀 위험한 사업에
무리한 투자를 하여 경제적으로 어려운 처지가 되었다. 위
기를 탈출하려면 대출이 꼭 필요한 시점이었는데 기가 막
히게 좋은 타이밍에 카카오톡을 통하여 희망의 메시지를
받게 되었다.

내용인 즉, 고액 대출이 가능하니 대출을 받아서 필요
한 곳에 사용해라. 만약 이자율이 높은 기존 대출이 있다면
그것을 먼저 상환하고 저리로 고액대출을 받아 사용하라
는 것으로 이는 보이스피싱 사기 집단이 유명 저축은행의

명의를 도용하여 보내온 메시지였다.

　사람이 사기를 당할 때는 순간적으로 바보가 되어 이성을 상실하게 되는데 지금 생각을 해 봐도 참 이해가 안 되는 어리석은 자가 되고 말았다. 마치 귀신에 홀린 듯이 안내 문자대로 클릭을 하여 그들이 요구하는 앱을 깔게 되었는데 그 순간 이미 내 휴대폰은 그들의 통제 속에 들어가서 꼭두각시 폰이 되어 있었다. 그 당시에는 보이스피싱의 수법이 그 정도까지 진화되고 발전했는지 모르고 있었다.

　보이스피싱 사기집단으로부터 당일 6시에 대출을 일으켜 입금을 시키겠으니 기존 대출들을 먼저 상환하라는 연락을 받았다. 그들이 마치 유명 저축은행의 대리점인 것처럼 나의 인적 사항들과 소득 자료 등을 확인했고 나머지 대출 서류들은 자기들이 작성하여 제출하겠으니 빨리 현금을 준비해서 금융감독원에 등록된 안전한 전달자에게 전달하여 기존 대출들을 상환하라고 하면서 금융감독원에 등록된 등록번호를 확인까지 시켜 주었다. 물론 이것들은 다 가짜로서 그 당시에는 무엇이 그리 급했는지 지금도 알 수가 없다.

그래도 의심하는 바가 있어서 유명 저축은행과 금융감독원의 전화번호를 알아내어 확인전화를 해 보았는데 그때 내 전화는 이미 보이스피싱 조직(중국으로 추정)의 통제에 들어 있어서 자동으로 그들에게 연결되었으며 많은 훈련으로 무장된 사기꾼 가짜 금융전문가들이 진짜처럼 전화를 받아 안심시키고 믿게 하니 사기 행각에 넘어 갈 수밖에 없었다. 이제와 생각해 보니 정말 사기꾼들은 당할 수가 없구나 하는 생각이 든다.

결국 그들이 말하는 대로 기존대출 상환을 위해 가족의 도움을 받아 (결국 가족 모두가 피해자가 되었음) 현금을 마련하여 그들에게 전달하고 대출금의 입금을 기다리게 되었다. 그러나 대출금이 입금된다던 6시부터 그들과의 모든 연락이 두절이 되었으며 얼마 안가서 보이스피싱을 당한 것을 깨닫게 되어 온 집안이 발칵 뒤집어지고 나는 부끄러운 마음에 죽고 싶은 생각밖에 안 들었다.

즉시 경찰에 신고 했으나 조직의 본 뿌리는 중국이라는 추정만 하고 현재로서는 전혀 찾을 길이 없으니 일단 기다려 보라는 통보만 받았다. 얼마 후 하부조직(현금전달자 등, 사실 이 사람들도 범죄에 연관된 줄 모르고 수수료만 받는 피해자임)만 겨우 찾아내어 아직도 재판이 진행 중에 있으며 보이스피싱 피해 금액을 상환 받는 것은 거의 불가능하고 극히 일부만 찾을 수 있어도 행운이라는 말을 들었다. 그 순간은 지금 생각해도 정신이 잠시 나간 것 같고 너무 돈에 집착하여 무리하게 욕심을 낸 것이 나쁜 결과를 가져 왔다고 생각된다.

그 당시 나는 교회에 다니기는 하였으나 가족들에게 등을 떠밀려서 억지로 가서 앉아 있는 엉터리 크리스천이었는데 이 사건을 겪은 후 반성(회개) 차원에서 가족들과 함께 열심히 하나님을 믿으려 노력하였고 마침 그 때 하나님이 미리 준비해놓고 인도해 주시는 2020년 다니엘기도회

가 시작되어서 거의 하루도 빠지지 않고 찬양하며 좋은 간
증과 말씀을 듣고 깨달아 믿음이 점점 자라나기 시작하였
다. 그 이후로 열심히 신앙생활을 하며 성경을 읽고 본격적
으로 하나님이 주시는 감동을 기록하면서 많은 기독교 관
련 서적과 설교 방송 등 기독교 관련 매체를 접하면서 이
책을 집필하게 되었다.

이는 세상에 있는 모든 것이 육신의 정욕과 안목의 정
욕과 이생의 자랑이니 다 아버지께로부터 온 것이 아니요
세상으로부터 온 것이라 • 요한일서 2:16

오직 각 사람이 시험을 받는 것을 자기 욕심에 끌려 미
혹됨이니 욕심이 잉태한즉 죄를 낳고 죄가 장성한즉 사망
을 낳느니라 • 야고보서 1:14~15

소탐대실,

모든 인생은 흙에서 나서 흙으로 돌아갑니다. 우리가
세상 욕심을 다 버리고 하나님께 순종하며 나아갈 때 우리
의 모든 고민과 난관과 스트레스가 해결되고 매일 웃고 감
사하며 즐길 수 있는 은혜가 충만한 삶으로 바뀌게 될 것
을 믿습니다.

주례사 - 사랑과 행복

하늘은 유난히 푸르고 날씨가 쾌청합니다. 이처럼 좋은 날을 기리어 양가의 일가친척, 친지, 동료 등 (많은) 하객을 모신 가운데 신랑 P군과 신부 K양의 백년가약의 화촉을 밝히게 된 것을 본 주례는 진심으로 축하해 마지않고 귀한 걸음을 해주신 하객 여러분께 감사의 인사를 올립니다.

신랑은 H대학교 응용통계학과 08학번이고 신부는 재활학과 10학번으로 본 주례자의 사랑하는 제자입니다. 제가 가르치는 과목에서도 신랑, 신부 모두 성실하고 열정적으로 학업에 임해 좋은 성적을 달성한 모범학생들이었습니다.

주례사에 앞서 긴장을 풀기 위해 약간 유머스러운 내용을 먼저 신랑에게 묻겠습니다.

신랑신부가 백년해로 할 텐데 남자가 늙어서 필요한 것 5가지가 있는데 그것이 무엇이라고 생각하나요?

오늘 결혼식 준비하느라 겨를이 없을 테니 제가 말씀드리면 제일 먼저 필요한 것은?
부인입니다.

그러면 두 번째 필요한 것은 무엇일까요?
아내입니다.

그러면 세 번째는?
집사람입니다.

그러면 네 번째는?

와이프입니다.

그러면 다섯 번째는?

애들 엄마입니다.

그만큼 부인은 살아가면서 중요한 존재이고 특히 노후
에는 더욱 그렇습니다.

그러면 신부에게 똑같이 묻겠습니다.

신랑신부가 백년해로 할 텐데 여자가 늙어서 필요한 것
5가지가 있는데 그것이 무엇이라고 생각하나요?

오늘 신부로서 준비하느라 겨를이 없을 테니 제가 말씀
드리면 제일 먼저 필요한 것은?

남편입니다.

그러면 두 번째 필요한 것은 무엇일까요?
신랑입니다.

그러면 세 번째는?
바깥사람입니다.

그러면 네 번째는?
서방님입니다.

그러면 다섯 번째는?
애들 아빠입니다.

그만큼 마찬가지로 서방님도 살아가면서 중요한 존재이고 부부가 같은 배를 타고 같이 노를 저어가는 것이 부부입니다.

사랑이라는 단어를 우리는 흔히 많이 사용하고 있는데, 어느 중학교 담임 선생님이 몸이 불편해서 휠체어를 타고

다니는 학생에게 어느 날 〈세상에 다시 태어난다면〉이라
는 제목의 글짓기를 하라고 했는데 그 학생의 글이 너무나
감동적이었다고 합니다.

'다시 태어난다면 몸이 불편하지 않은 비장애인으로
태어나고 싶다'라고 글을 쓸 줄 알았는데, '다시 태어난다
면 내 어머니의 어머니로 태어나고 싶다. 그래서 이생에서
내가 어머니에게 받은 고마운 사랑을 무조건 보답하면서
살고 싶다.'라는 감명 깊은 글을 쓴 것입니다.

이생에서 내가 어머님의 고마움에 보답하며 사는 건 너
무나 힘이 들기에 제발 다음 생에선 내 어머니의 어머니로
태어나서 그 무한한 사랑과 정성을 갚고 싶다......

진정한 사랑이란 아낌없이 주는 마음!
숨김없이 드러내 보이는 어머님의 마음입니다.

어머님의 사랑에 보답하려면 어머니의 어머니로 태어

나는 수밖에 없다는 대가 없는 사랑의 위대함이지요. 그런 사랑을 주신 어머님과 아버님을 더욱 공경하시고 부부는 이런 고귀한 사랑을 실천해 나가는 것이 행복의 지름길이라 생각합니다.

끝으로 행복에 대해서 말씀을 드리면,

걸을 수만 있다면 더 큰 복은 바라지 않겠습니다. 누군가는 지금 그렇게 기도를 합니다.

설 수만 있다면 더 큰 복은 바라지 않겠습니다. 누군가는 지금 그렇게 기도를 합니다.

들을 수만 있다면 더 큰 복은 바라지 않겠습니다. 누군가는 지금 그렇게 기도를 합니다.

말할 수만 있다면 더 큰 복은 바라지 않겠습니다. 누군가는 지금 그렇게 기도를 합니다.

볼 수만 있다면 더 큰 복은 바라지 않겠습니다. 누군가는 지금 그렇게 기도를 합니다.

살 수만 있다면 더 큰 복은 바라지 않겠습니다. 누군가는 지금 그렇게 기도를 합니다.

놀랍게도 누군가의 간절한 소원을 나는 다 이루고 살았습니다. 놀랍게도 누군가가 간절히 기다리는 기적이 내게는 날마다 일어나고 나의 하루는 바로 기적입니다. 나는 행복한 사람입니다. 이렇게 행복은 생각하기 나름입니다.

근심은 욕심이 많은 데서 생깁니다. 많이 가졌다고 행복한 것도 적게 가졌다고 불행한 것도 아닙니다. 부부는 항상 서로를 배려하며 행복하다는 마음으로 살면 건강한 부부의 가정생활이 될 것입니다.

새 출발하는 신랑과 신부 그리고 하객 여러분의 가정에 언제나 행복과 보람이 충만하기를 기원하면서 5월 21일 부부의 날을 앞두고 의미 있는 결혼식의 주례사로 갈음하고자 합니다.

묵상
노트

그러므로 남자가 부모를 떠나 그의 아내와 합하여 그들
이 한 몸이 될지니라 · 창세기 2:24

그런즉 이제 둘이 아니요 한 몸이니 그러므로 하나님이
짝지어 주신 것을 사람이 나누지 못할지니라

· 마태복음 19:6

남편들아 아내 사랑하기를 그리스도께서 교회를 사랑
하시고 그 교회를 위하여 자신을 주심 같이 하라

· 에베소서 5:25

아내들이여 자기 남편에게 복종하기를 주께 하듯 하라.
이는 남편이 아내의 머리됨이 그리스도께서 교회의 머리

됨과 같으니 그가 바로 몸의 구주시니라 · 에베소서 5:22-23

결혼의 의미를 다시 생각해 보며 예전에 제가 했던 주
례사를 올려 봅니다. 저도 결혼을 하고 가정을 이루고 살아
가면서 내 삶의 모든 것이 다 기적이고 감사의 대상이었다
는 것을 다시 느껴봅니다.

삶의 단상

　　오래 된 인연들이 끊어지고 무엇인가 달라지는 소리가
사방에 요란하다.

　　부모님 돌아가시니 일가친척 멀어지고, 직장을 그만두
니 동료들 연락 두절되고, 모임을 줄이니 하루를 멀다하고
전화질 하던 친구들의 전화조차 드문드문하다. 몸이 게을
러지니 나가기도 싫고, 지갑이 빼빼하니 불러도 못 가는 핑
계가 풍년이다. 몸이 멀어지니 마음도 멀어지는지 인연이
멀어지는 소리가 가을바람에 낙엽 구르는 소리처럼 바스
락 바스락한다.

세월 따라 인연도 달라지는 것을 예전엔 미처 몰랐다.
어린 시절의 친구들이 그대로 늘 함께 있을 줄 알았는데,
학창시절의 친구들도 늘 영원한 친구라며 언제나 함께 할
줄 알았는데, 동네 친구들과 늘 함께 하며 삶을 이야기 하
며 한 잔의 술에 인생과 그리움을 이야기 하며 울고 웃고
행복했었는데......

지금은 어디 있는가?

이제야 조금씩 알 것 같다. 세월 따라 인연도 달라지는
것을, 사람도 변한다는 것을, 어쩔 수 없이가 아니라 삶의
시간에 따라서 달라질 수밖에 없음을...

삶의 무게가 우리를 짓누를 때,

생각하는 여유를 가져라. 그것이 힘의 원천이다.
노는 시간을 많이 가져라. 그것이 영원한 젊음의 비결
이다.

독서하는 시간을 가져라. 그것이 지식의 샘이 된다.

사랑하고 사랑받는 시간을 가져라. 그것이 신이 부여한 특권이다.

평안한 시간을 만들어라. 그것은 행복에의 길이다.

웃는 시간을 만들어라. 그것은 혼의 음악이다.

남에게 주는 시간을 만들어라. 자기중심적 이기에는 하루가 너무 짧다.

노동하는 시간을 가져라. 그것이 성공을 위한 대가이다.

자선을 베푸는 시간을 가져라. 그것은 천국의 열쇠이다.

자비를 베풀고 항상 하나님 은혜 속에서 감사하며 실천하라. 그것은 천국 가는 열쇠이다.

묵상
노트

감사함으로 그 문에 들어가며 찬송함으로 그 궁정에 들
어가서 그에게 감사하며 그 이름을 송축할지어다

• 시편 100:4

사람이 쓰는 말 중에서 감사라는 말처럼 아름답고 귀한
말은 없습니다. 감사가 있는 곳에는 늘 인정이 있고 웃음이
있고 기쁨이 있고 넉넉함이 있기 때문입니다.

나로 인해 누군가 행복할 수 있다면 그 얼마나 놀라운
축복입니까?

내가 해준 말 한 마디 때문에, 내가 준 작은 선물 때문
에, 내가 베푼 작은 친절 때문에, 내가 감사한 작은 일들 때

문에 누군가 행복할 수 있다면 우리는 이 땅을 살아갈 의미가 있습니다. 나의 작은 미소 때문에, 내가 나눈 작은 봉사 때문에, 내가 나눈 작은 사랑 때문에, 내가 함께 해 준 작은 일들 때문에 누군가 기뻐할 수 있다면 내일을 소망하며 살아갈 가치가 있습니다.

어느 참전 용사의 이야기

　손녀 하나만 바라보고 그녀를 양육하며 일생을 살아온 90세의 미국인 할아버지가 있다.

　아들이 며느리와 이혼한 후 아들과 손녀 셋이서 단란하게 살았는데 아들이 먼저 하늘나라로 가면서 어린 손녀를 할아버지 혼자 양육하게 되었다. 그는 늘 건강했으나 최근 들어 옆구리의 통증으로 힘들어 했고 그 원인은 전쟁의 후유증 때문이었다. 그는 20대에 한국전쟁에 파병이 되었으며 중공군과 교전 당시 옆구리에 총을 맞게 되었고 당시 의술로는 그냥 총알을 몸에 지닌 채로 사는 것이 좋을 것

같다는 의사의 권유로 지금까지 그냥 지내왔으나 나이가
들고 면역력이 약해지니 그로 인한 여러 가지 몸의 상태가
안 좋게 된 것이었다.

그 사실을 알게 된 손녀는 수술을 해드리고 싶은 마음
이 간절했지만 미국 병원비는 어마어마하게 비싸서 마음
뿐이었지 어찌 할 수가 없었다. 어느 날 한국은 의술도 좋
고 병원비가 저렴하다는 소문을 들은 손녀는 할아버지가
평생 자신을 위해 희생하신 것에 보답하기 위해서 치료를
해 드려야겠다는 결심을 하고 할아버지를 모시고 한국으
로 왔다.

병원에 입원하고 모든 검사를 마친 후 담당의사가 "몸
에 총알을 담고 어찌 지금까지 사셨습니까?" 하고 그 이유
를 물었다. 할아버지가 한국전쟁 참전했으며 중공군과 싸
울 때 얻은 훈장이라고 설명을 하자 담당 의사가 "저희 할
아버지도 6.25참전 용사였는데 총을 맞고 후송이 되었지
만 결국 열악한 의료 시설과 낙후한 의술 때문에 돌아가셨

고, 아버지가 의사가 되시려고 생각하셨지만 가난한 살림으로 의학 공부를 할 수 없어서 아들인 제가 의사가 되었다."고 하면서 "염증이 생겨 그냥 두면 안 되는 상황인데 잘 오셨다."고 말하며 "저희 할아버지와 같은 참전 용사를 수술할 수 있게 되어 영광"이라고 말을 했다.

할아버지는 수술이 순조롭게 끝나고 회복한 후에 건강한 모습으로 완쾌 되어 퇴원을 하게 되었다. 퇴원을 위해 수속을 준비하면서 그 손녀는 치료비가 어마어마하게 많이 나왔을 것이라 예상을 했다. 두려운 마음으로 계산을 하러 창구로 갔는데 수납 창구에서 봉투 하나를 내어 주었다. 봉투를 열어보니 진료비 무료라는 계산서와 미화 $1,000이 들어 있었고 동봉한 작은 쪽지에는 "당신이 흘린 피로 지켜진 우리나라의 자유는 영원할 것입니다. 귀국하시거든 여생을 편안하게 오래 오래 사십시오."라고 적혀 있었다.

깜짝 놀란 손녀가 자초지종을 알아보니 병원 측과 담당 의사가 치료비를 모두 부담 하였다는 것이었고 고마운 마음에 담당 의사를 찾았지만 의사는 만날 수가 없었다.

퇴원하여 미국으로 돌아가는 귀국 길에 할아버지는 "전쟁 당시에도 한국 군인들은 듬직하였고 정이 많은 병사들이었다. 한국이 놀랍도록 발전했다는 소문은 들었지만 이 정도로 발전을 했으리라고는 생각지 못했다. 산은 붉은 흙과 돌 뿐이었고 참으로 가난한 나라였었는데 이렇게 울창한 산림과 빌딩 숲으로 변한 것을 보니 내가 한국의 자유를 위해 싸운 보람이 있다."고 말하며 손녀와 함께 기쁜 마음으로 미국으로 돌아갔다고 한다.

내 이름을 경외하는 너희에게는 공의로운 해가 떠올라
서 치료하는 광선을 비추리니 너희가 나가서 외양간에서
나온 송아지 같이 뛰리라 • 말라기 4:2

다시는 네 해가지지 아니하며 네 달이 물러가지 아니할
것은 여호와가 네 영원한 빛이 되고 네 슬픔의 날이 끝날
것임이라 • 이사야 60:20

국격을 높인 젊은 의사! 그에게 박수를 보냅니다.

얼굴도 모르고 어디에 붙었는지도 모르는 우리나라를
위해 15만여 명의 연합군이 죽거나 다치거나 또 실종되었
습니다. 그들의 희생이 없었다면 오늘날 우리나라의 평화

가 있었을까요?

　미국의 수도 워싱턴 의사당 앞 한국 공원엔 한국전에서 전사한 50,000명의 미군들 명단과 공원 바닥에 쓰여 있는 가슴을 뭉클하게 하는 문구 "Freedom is not free(자유는 공짜로 얻어지는 것이 아니다)"를 볼 때마다 오늘 날 분별 없이 싸우는 안보현실을 돌아보며 부끄러운 마음으로 한숨을 쉬게 됩니다.

겸손이란

　한 중년의 여인이 어린 남자 아이를 데리고 어느 대기
업 건물 앞에 있는 정원의 벤치에 앉아 성난 표정으로 아
이를 훈계하는 중이었다.

　마침 근처에서는 한 노인이 정원의 나무를 손질하고 있
었다. 그 여인이 핸드백에서 화장지를 꺼내더니 노인이 일
하는 쪽으로 휙 던졌다. 노인은 황당한 표정으로 여인이 있
는 쪽을 돌아보았지만 여인은 무슨 일이 있었냐는 듯 심드
렁하게 노인을 쳐다봤다. 노인은 아무 말 없이 화장지를 주
워 쓰레기 바구니에 집어넣었다.

　　잠시 후 여인은 아이 코를 훔친 화장지를 또 던졌고 노인은 역시 묵묵히 화장지를 주워 쓰레기통에 버렸다. 노인이 막 관목 손질용 가위를 집어 드는 순간 세 번째 화장지가 그의 눈앞에 툭 떨어졌다. 여인의 무례한 행동이 반복되는 동안 노인은 싫은 기색을 보이지 않았다.

　　그때 여인이 아이에게 나무를 손질하는 노인을 가리키며 말하기를,

　　"너 잘 봤지? 어릴 때 열심히 공부하지 않으면 저 할아버지처럼 미래가 암울해. 평생 저렇게 고단하게 비천한 일을 하며 살게 되는 거야."

　　그 말을 들은 노인은 손에 잡은 가위를 내려놓고 그들이 있는 쪽으로 다가왔다.

　　"부인, 이곳은 회사 소유의 정원이라 직원들만 들어 올 수 있습니다."

"그거야 당연하죠. 전 이 회사 부장이에요."

그녀는 목에 잔뜩 힘을 준 채 거만하게 신분증을 흔들어 보였다.

"휴대전화 좀 빌려 주시겠소?"

노인이 그 여자에게 부탁하자 여인은 떨떠름한 표정으로 노인에게 휴대전화를 건네주었다.

그 여자는 이때다 싶어서 기회를 이용해 아들에게 한마디 더 덧붙였다.

"저렇게 나이가 들었는데도 휴대전화 하나 없이 궁색하게 사는 꼴 좀 봐라. 저렇게 안 되려면 열심히 공부해야해, 알았지?"

휴대전화를 건네받은 노인은 통화를 끝낸 후 고맙다며

휴대전화를 여자에게 돌려주었다.

잠시 후, 한 남자가 급하게 달려와 노인 앞에 예의를 갖추었다.

노인은 그 남자에게 말했다.

"저 여자를 당장 회사에서 해고시키게."

"알겠습니다. 지시하신대로 처리하겠습니다."

말을 마친 노인은 아이 쪽으로 걸어가 머리를 쓰다듬으며 속삭였다.

"세상을 살아가면서 가장 중요한 것은 타인을 존중하는 마음이란다."

이 짧은 한 마디만 남기고 그는 유유히 사라졌다.

여인은 눈앞에 벌어진 뜻밖의 상황에 너무도 놀랐다.

달려온 남자는 그룹에서 인사를 담당하는 임원이자 그녀와도 잘 아는 사이였다.

여인은 이상하다는 듯 물었다.

"어째서 당신은 저 정원사에게 그렇게 깍듯이 대하는 거죠?"

"무슨 소리야? 정원사라니? 저분은 우리그룹의 회장님이시네."

"뭐라고요? 회장님?"

여인은 새파랗게 질린 얼굴로 벤치에 털썩 주저앉고 말았다.

겉모습만 보고 판단한 순간의 실수와 교만한 마음이 좋은 직장을 날려버린 슬픈 일화다.

무릇 마음이 교만한 자를 여호와께서 미워하시나니 피
차 손을 잡을지라도 벌을 면하지 못하리라 • 잠언 16:5

교만은 패망의 선봉이요 거만한 마음은 넘어짐의 앞잡
이니라 • 잠언 16:18

상대가 누구냐에 따라 대하는 태도를 조절하는 비인간
적인 기회주의자가 되는 일은 없어야 하겠습니다. 타인을
존중하는 것이 곧 나를 존중하는 것이기 때문입니다.

겸손은 자신을 낮추고 타인을 존중하는 것이며, 자신의
부족함을 알고 자신보다 뛰어난 자들이 있음을 겸허하게
받아들이는 자세를 말합니다.

그러나 겸손의 자세가 지나쳐 자기 비하와 비굴함이 되는 것은 진정한 겸손이 아니며 남을 존중하고 귀하게 여기는 것이 진정한 의미의 겸손입니다. 지나친 겸손은 교만이라는 말도 있듯이 겸손은 최고의 미덕 중 하나지만 정도가 지나치면 상대방으로서도 기분이 나빠질 수 있으므로 자존감을 가지고 자신의 위치를 어느 정도 자각하는 선에서 겸손해야 진정한 겸손이라 할 것입니다.

인간의 본성에 따르면 인간은 겉으로 겸손한 척은 할 수는 있으나 기본적으로 매우 교만한 존재이고, 그러한 죄를 회개하고 하나님으로부터 은혜를 받게 될 때 비로소 진심으로 스스로를 낮게 여기는 겸손의 자세를 가질 수 있게 됩니다.

우리 모두 자신은 남들보다 나은 것이 없고 십자가의 은혜 밖에는 자랑할 것이 없다는 겸손한 마음을 가지고 살아야 하겠습니다.

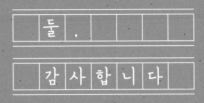

둘 .

감 사 합 니 다

항상 기뻐하라. 쉬지 말고 기도하라. 범사에 감사하라 이것
이 그리스도 예수 안에서 너희를 향하신 하나님의 뜻이니라

_데살로니가전서 5:16-18

여호와께 감사하라 그는 선하시며 그 인자하심이 영원함이
로다 _시편 107:1

감사하는 행복

진수성찬 앞에서도 불평하는 사람이 있는 반면 마른 떡한 조각으로 감사하는 사람이 있다. 건강한 신체가 있음에도 환경을 원망하는 사람이 있고, 두 팔과 두 다리가 없음에도 불구하고 감사하는 사람이 있다. 하나를 잃어버린 것에 분을 참치 못하는 사람이 있고, 열을 잃어버리고도 오히려 감사하는 사람이 있다. 사소한 작은 일에도 짜증을 내는 사람이 있는 반면, 큰 재난 앞에서도 감사하는 사람이 있다.

실패로 인하여 자신의 생명을 포기하거나 절망 하는 사람이 있는가 하면, 지난 모든 일을 감사하고 미래를 준비하는 사람도 있다. 자신을 비난하거나 해를 끼친 사람과 원수가 되는 사람이 있는가 하면, 그런 원수를 사랑하며 용서하는 사람이 있다. 남이 잘되는 것을 시기하는 사람이 있는가 하면, 남의 성공을 빌어주고 감사하는 사람이 있다. 죽음을 두려워하는 사람이 있는가 하면, 죽음조차도 감사히 받아들이는 사람도 있다.

우리에게는 감사할 이유가 충분히 많다. 호흡을 할 수 있는 것에 감사하고, 걸을 수 있는 것에 감사하고, 먹을 수 있는 것과 잠을 잘 수 있는 것에 감사하고, 성공도 실패도 감사하며, 몸이 아프거나 건강해도 살아 있음에 감사한다.

이 땅에 태어나서 죽는 날 까지 감사할 일 뿐인 것을 왜 모르고 살아가는 것일까?

안구 하나 구입하려면 1억 원이라고 하니 눈 두 개를 갈아 끼우려면 2억 원이 들고, 신장을 바꾸는 데는 3천만 원, 심장을 바꾸는 데는 5억 원, 간을 이식하는 데는 7천만

원, 팔다리가 없어 의수와 의족을 끼워 넣으려면 더 많은 돈이 든다고 한다. 지금 두 눈을 뜨고 두 다리로 건강하게 걸어 다니는 사람은 몸에 51억 원이 넘는 재산을 지니고 다니는 것과 같다.

앰블런스에 실려 갈 때 산소 호흡기를 쓰면 한 시간에 36만 원을 내야 한다니 눈, 코, 입 다 가지고 두 다리로 걸어 다니면서 공기를 공짜로 마시고 있다면 하루에 860만 원씩 버는 셈이다. 우리는 51억 원짜리 몸을 가지고 있으며 하루에 860만 원씩 노력 없이 받을 수 있으니 얼마나 감사할 일인가? 그런데 우리가 늘 불행하다고 생각하는 것은 욕심 때문일 것이다.

감사하지 못하는 사람에게는 기쁨이 없고, 기쁨이 없으면 결코 행복할 수 없다. 우리는 아주 작은 것에도 감사하는 마음을 가져야 하겠다.

감사하는 마음을 갖게 되면 모든 삶이 즐거워지고 행복

해지기 마련이다. 나는 얼굴이 못생겼다고 속상해 하지만, 누군가는 몸이 아파서 병실에 누워 있다. 나는 직장생활이 힘들다고 불평하지만, 누군가는 취업의 기회조차 없이 고통을 받기도 한다.

나는 불면증에 시달리며 고통을 호소하지만, 누군가는 몸이 아파서 한시도 자지 못하고 살아간다. 내 아이가 공부를 못한다고 속상해 하지만, 누군가의 아이는 교통사고나 자살로 영영 이별을 하기도 한다.

나에게 볼 수 있는 눈이 있다는 것과, 들을 수 있는 귀가 있다는 것과, 먹을 수 있는 입이 있다는 것과, 냄새를 맡을 수 있는 코가 있다는 것과, 움직일 수 있는 두 다리가 있다는 것은 참으로 행복한 일이다. 늘 감사하는 마음은 우리가 지치지 않고 꾸준히 살아가도록 도와준다.

오늘도 우리의 일상에 주어진 모든 것에 감사하는 행복한 하루를 보내시길 바란다.

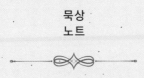

항상 기뻐하라. 쉬지 말고 기도하라. 범사에 감사하라

이것이 그리스도 예수 안에서 너희를 향하신 하나님의 뜻

이니라. • 데살로니가전서 5:16-18

아무 것도 염려하지 말고 다만 모든 일에 기도와 간구

로, 너희 구할 것을 감사함으로 하나님께 아뢰라

• 빌립보서 4:6

그러므로 내가 너희에게 말하노니 무엇이든지 기도하

고 구하는 것은 받은 줄로 믿으라 그러하면 너희에게 그대

로 되리라 • 마가복음 11:24

기도는 찬양과 감사, 간구와 같은 모든 것을 포함합니다.

하나님만이 주실 수 있는 영적인 것들이 있습니다.

생명, 기쁨, 능력, 평안, 화평, 각양 신령한 복들은 하나님만이 주실 수 있습니다.

치유의 기적

예수님의 3대 사역은 가르치고 전파하고 치료하는 것이었으며 당연히 예수의 이름에는 치유의 능력이 있다. 말레이시아에 파송된 P 선교사님이 다음과 같이 증언했다.

내가 사역 중에 19세의 미친 여자 아이가 있어 간절히 기도하고 "예수의 이름으로 명하노니 귀신은 즉시 나갈지어다"라고 선포하니 아이가 정신없이 쓰러지면서 "예수, 예수, 예수" 세 마디를 외치고 정신이 들어 깨어 일어났다. 내가 예수의 이름으로 귀신을 쫓아낸 기적을 이룬 것이다.

말레이시아 어느 오지 마을에서 사역 중에 몸이 아파서 병원에 가니 대장암이 발견되었다. 대장암 말기라 혹이 너무 커서 장이 파열되었고 대장의 80퍼센트를 잘라 내는 수술을 해야 하는데 생사를 장담할 수 없다는 의사의 진단을 받았으나 나는 수술을 포기하고 간절히 기도 후 "예수 이름으로 명하노니 병은 깨끗이 나을 지어다."라고 담대히 선포했더니 수개월 후 내 병은 깨끗이 나았다.

P 선교사님의 이 증언들은 지금 우리가 살아가는 현실에서도 예수님의 치유의 기적은 끊임없이 계속 된다는 간증이다.

〈나는 자연인이다〉 등의 TV 프로그램을 보면 죽음을 앞둔 말기암등 치명적 질병을 가진 사람들이 산 속에 들어가 살면서 병을 이겨 내는 것을 볼 수 있는데 물론 자연식품, 몸에 좋은 약초 등의 음식도 도움이 되고 맑은 공기와 꾸준한 운동들도 효과가 있겠지만 가장 중요한 것은 치유에 대한 각자의 믿음이다.

하나님에 대한 믿음, 걱정과 근심이 없는 긍정적인 사고, 죽음도 두려워하지 않는 평안한 마음 등이 치유의 원동력이다. 우리가 하나님께 간절히 기도하면 하나님이 직접 치료해 주시기도 하지만, 때로는 치유에 대한 믿음과 확신을 우리의 뇌 속에 심어 주셔서 자연적으로 치료가 되도록 인도해 주시는 것이다.

하나님이 세상을 이처럼 사랑하사 독생자를 주셨으니
이는 저를 믿는 자마다 멸망치 않고 영생을 얻게 하려 하
심이니라 • 요한복음 3:16

영접하는 자 곧 그 이름을 믿는 자들에게는 하나님의
자녀가 되는 권세를 주셨으니 • 요한복음 1:12

우리는 하나님의 자녀로서 예수의 이름으로 사탄과 마
귀를 물리치는 권세를 받았고 이 권세를 바탕으로 당당하
게 세상의 악과 싸워 이겨서 하나님의 이름을 높여 드려야
하겠습니다.

예수께서 모든 도시와 마을에 두루 다니사 그들의 회당

에서 가르치시며 천국 복음을 전파하시며 모든 병과 모든 약한 것을 고치시니라 • 마태복음 9:35

예수께서 그의 열두 제자를 부르사 더러운 귀신을 쫓아 내며 모든 병과 모든 약한 것을 고치는 권능을 주시니라

• 마태복음 10:1

세상에서 병과 고통은 누구도 피해갈 수 없는 보편적인 경험이며 이런 고난 속에서 치유와 회복을 갈망하는 마음 은 자연스러운 인간의 본능입니다.

예수께서 우리를 불쌍히 여기시어 수많은 치유의 기적 들을 행하신 것을 묵상하는 것은 우리에게는 깊은 신앙과 영적 성찰의 시간입니다.

그러한 기적들을 보면서 우리는 예수의 치유 능력과 사랑을 되새기게 되고, 녹록치 않은 우리의 삶 속에서도 희망과 믿음을 잃지 않고 회복을 다짐하게 됩니다.

세상이 주는 고통과 절망 속에서도 우리는 예수의 구원의 손길을 기다릴 수 있으며, 그의 사랑과 은혜를 통해 회복될 수 있다는 믿음을 가지게 됩니다.

감사예찬

미국의 유명한 백만장자 실업가 스텐리 탠 박사가 1976년 갑자기 척추 암 3기라는 진단을 받게 되었으며 이는 수술로도 약물로도 고치기 힘든 난치병이었다.

사람들은 그가 절망 가운데 곧 죽을 것이라고 생각하였는데 몇 달 후에 그가 멀쩡하게 병이 다 나아서 출근하였고 사람들이 깜짝 놀라서 "아니 어떻게 병이 낫게 된 것입니까?"하고 물었다.

그러자 그는 "하나님 앞에 그저 감사만 했더니 병이 다 나았습니다." 라고 대답하였다.

"하나님, 병 들게 된 것도 감사합니다. 병들어 죽게 되어도 감사합니다. 하나님, 저는 죽음 앞에서 하나님께 감사할 것 밖에 없고 살려 주시면 살고, 죽으라면 죽겠습니다. 하나님 무조건 감사합니다."라고 죽기 살기로 하나님께 기도했더니 암세포가 없어지고 건강을 되찾아 회복하게 되었는데 모든 것이 감사의 습관 덕분이었다고 말했다.

요즘 미국의 정신병원에서는 우울증 환자들을 치료하기 위해서 약물치료 보다는 소위 감사치유법을 더 많이 사용하는데 환자들로 하여금 자신의 삶에서 감사한 일들은 무엇일까 찾아내게 하여 감사를 회복하도록 돕는 것이다.

그런데 놀랍게도 약물치료보다도 이 감사치유법이 훨씬 더 효과가 탁월하다는 것이다. 이 감사치료법은 단지 정신과적인 치료에만 효과가 있는 것이 아니라 스텐리 탠 박사의 경우와 같이 육체의 질병에도 대단한 효과가 있다고 밝혀졌다.

일본 해군 장교인 가와가미 기이찌 씨는 2차 세계대전이 끝난 후 고향에 돌아왔는데 하루하루가 짜증스럽고 불평불만이 쌓여져 결국 전신이 굳어 조금도 움직일 수 없는 불치병에 걸리게 되었다. 그 후 정신치료가인 후찌다 씨를 만나게 되어서 그에게 "'매일 감사합니다'라는 말을 만 번씩하세요."라는 처방을 받아 이를 매일 지속적으로 실천하자 감사가 몸에 배게 되었다.

어느 날 아들이 두 개의 감을 사와서 "아버지 감을 잡수세요"라고 말했는데 그때 아들에게 "감사합니다"라고 말하면서 손을 내밀었다. 그런데, 신기하게도 손이 움직였고, 차츰 뻣뻣하게 굳어져 있던 목도 움직이게 되었다. 말로만 하던 감사가 실제 감사가 되었고 불치병도 깨끗이 낫게 된 것이다.

사람의 병은 대부분 스트레스에서 온다. 스트레스의 원

인은 마음의 상처와 부정적인 생각이다. 그래서 감사의 마음을 가지면 모든 스트레스와 병을 이길 수 있다.

세계최고의 암 전문 병원인 미국 텍사스 주립 대 MD앤더슨 암센터에서 31년간 봉사한 김의신 박사는 종교적 신심이 암 치료에 실제적인 효과가 있다고 소개하면서, 교회의 찬양대원들과 일반인들을 비교해보니 찬양대원들의 면역세포(일명 NK세포)수가 일반인보다 몇 십 배도 아닌, 무려 1000배나 많은 것으로 측정되었다고 한다.

감사로 찬양하고 사는 것이 그만큼 건강에 유익하다는 것이다. 감사는 스트레스를 완화시키고 면역을 강화하며 에너지를 높이고 치유를 촉진한다. 감사하는 마음은 정서에 좋은 반응을 일으켜, 혈압을 떨어뜨리고 소화 작용을 촉진한다.

존 핸리 박사는 감사는 최고의 항암제요 해독제요 방부제라고 말했다. 감기약보다 더 대단한 효능을 가진 것이 감사약이다.

우리는 매일 감사약을 먹어야 한다. 우리가 1분간 기뻐하고 웃고 감사하면 우리의 신체에 24시간의 면역체가 생기고, 우리가 1분간 화를 내면 6시간 동안의 '면역 체계'가 떨어진다고 한다.

그러므로 매일 하나님 안에서 기뻐하고 감사하며 감사약을 먹으면, 몸과 마음의 건강을 잘 유지할 수 있을 것이다.

묵상
노트

이러므로 우리가 하나님께 쉬지 않고 감사함은 너희가
우리에게 들은 바 하나님의 말씀을 받을 때에 사람의 말로
아니하고 하나님의 말씀으로 받음이니 진실로 그러하다
이 말씀이 또한 너희 믿는 자 속에서 역사하느니라.

• 데살로니가전서 2:13

우리나라 최초의 여가수 윤심덕은 〈사의찬미〉를 부르
다가 그만 자살로 생을 마감하였습니다. 〈영시의 이별〉을
부른 가수 배호는 영시에, 젊은 날에 세상을 떠났습니다. 〈
간다 간다 나는 간다 너를 두고 나는 간다〉, 〈이름 모를 소
녀〉를 열창하던 가수 김정호는 20대 중반에 암으로 요절
하였습니다.

가수가 노래 한 곡을 취입하기 위해서는 보통 2,000 3,000번이나 연습을 하게 되고 또 계속 그 노래를 수 천 번 이상 부르는데 이러다 보면 노래에 감정이 이입되어 자신도 모르게 그 노래와 유사한 일이 생긴다는 말이 있습니다.

탈무드는 "세상에서 가장 사랑받는 사람은 모든 사람을 칭찬하는 사람이요, 가장 행복한 사람은 감사하는 사람이다"라고 기록하고 있습니다.

가장 행복한 사람은,
하나님께 감사하는 사람일 것입니다.

지금 살아서 숨 쉴 수 있나요? 그러면 감사합시다.
햇빛을 보며 걷고 있나요? 그러면 감사합시다.

감사하면 감사할 일만 생깁니다.

염려의 실체

"해결될 문제라면 걱정할 필요가 없고, 해결이 안 될 문제라면 걱정해도 소용없다." 라는 티벳 속담이 있다.

월수입이 일백만원인 사람은 세금 내고 정말 빠듯이 살아간다. 아프면 안 돼, 아프면 끝장이야 하면서 전전긍긍 살아간다. 월수입이 삼백만원인 사람은 학원비 내고 보험료 내고 그러면서 전전긍긍 살아간다. 월수입이 오백만원인 사람은 주식투자도 하고 주택융자도 갚으면서 전전긍긍 살아간다. 월수입이 일천만원인 사람은 자녀의 해외 유학비 대느라고 전전긍긍 살아간다. 월수입이 일억원인 사람은 그 수입을 유지하려고 전전긍긍 살아간다. 월수입이 얼마인지는 모르나 재산이 2조원인 사람은 재산 때문에, 자식들의 상속 싸움에 죽고 싶어도 죽지 못하고 전전긍긍 살아간다.

인간은 누구나 크든 작든 걱정거리 한두 가지는 가슴에 묻고 살고 있다. 그런 많은 걱정거리들 중의 어느 것이 진짜일까?

염려에 대한 조사결과를 보면 사람들의 걱정거리 중 40퍼센트가 실제로 일어나지 않는 것들이었다. 공연한 걱정을 그 만큼 많이 한다는 것이다. 걱정거리 중의 30퍼센트는 이미 과거에 있었던 일에 대한 것이었다. 그러니까 이제 와서 걱정한다고 되는 일들이 아닌 이를테면 쓸데없는 걱정거리들이다. 그 중 10퍼센트는 병에 관한 걱정거리다. 그중엔 실제는 걸리지 않을 병에 관한 것도 많다. 수많은 걱정거리 중 정말 걱정할만한 것은 8퍼센트 밖에 되지 않으며 그것마저도 정말로 머리를 싸매고 걱정할만한 것은 별로 없다는 결론에 도달한다. 즉 우리는 아무리 걱정해야 소용도 없는 일들에 대해 끊임없이 걱정하며 살아가고 있는 것이다.

어느 늙은 부인이 있었는데 그 부인은 무슨 일을 당하든지 밤낮으로 걱정이 가득한 사람이었다. 작년에는 흉년이라서 감자 농사가 잘 안되고 썩은 감자가 많아서 일 년 내내 한숨을 쉬고 있었으나 올 해는 풍년이 들어 그 부인의 밭에서는 감자가 많이 수확되었다.

그래서 교회 목사가 생각하기를 이번에는 걱정하지 않겠지 하여 그 부인을 길에서 만나자, "감자가 잘 되었다니, 하나님의 은혜를 많이 받으셨습니까?" 하고 물었다.

그러자 그 부인은 "감자는 잘 되었습니다만 작년에는 썩은 감자가 많아서 돼지를 잘 먹였는데 올해는 썩은 감자가 없으니 돼지 먹일 일이 염려가 되네요." 하고 또 걱정의 소리를 하였다. 잘 돼도 걱정이요 못 돼도 걱정이니 언제나 만족함이 찾아올까?

1856년 어느 날 영국의 의료선교사이며 탐험가인 데이비드 리빙스턴은 아프리카에서 큰 위험에 직면해 있었다. 그를 음해하려는 원주민 추장 음부루마의 야생지를 통과하려 했기 때문이었다. 그날 밤 리빙스턴은 평소 약속의 말씀으로 여겼던 성경 마태복음 28장 18~20절 말씀을 읽었다. 그리고 다음과 같이 일기를 적었다.

1856년 1월 14일.

가장 권위있고 신성한 이 말씀은 불안의 종식을 의미한다. 죽음이 온다 해도 나는 몰래 횡단하지 않겠다. 나는 지금 평안하다. 하나님 감사합니다.

그러므로 내가 너희에게 이르노니 목숨을 위하여 무엇을 먹을까 무엇을 마실까 몸을 위하여 무엇을 입을까 염려하지 말라 목숨이 음식보다 중하지 아니하며 몸이 의복보다 중하지 아니하냐

공중의 새를 보라 심지도 않고 거두지도 않고 창고에 모아들이지도 아니하되 너희 하늘 아버지께서 기르시나니 너희는 이것들보다 귀하지 아니하냐

너희 중에 누가 염려함으로 그 키가 한 자라도 더할 수 있겠느냐 • 마태복음 6:25-27

그러므로 내일 일을 위하여 염려하지 말라 내일 일은 내일이 염려할 것이요 한 날의 괴로움은 그 날로 족하니라

• 마태복음 6:34

하나님께서는 우리가 우리의 미래를 알 수 없게 하는 은혜를 주셨습니다. 우리가 내일 일을 스스로 알 수 있다면 얼마나 불행할까요? 우리가 내일 일을 알 수 있다면 뻔히 내다보이는 실망감에 더 이상 살아 갈 의미를 잃을 수도 있습니다. 그러나 우리는 미래를 예측하지 못하므로 알 수 없는 내일의 희망을 바라보며 오늘의 고달픔을 잊고 살아갈 힘을 얻습니다.

참으로 하나님의 은혜는 측량이 불가하다는 생각을 해 봅니다.

망각의 은혜

계곡이 깊은 숲 속 갈림길에 커다란 선바위가 한 개 서
있다. 이 선바위는 수천 년의 세월을 말없이 길목을 지키면
서 수많은 사람들이 바쁘게 오가는 것을 보아왔다. 어느 날
신선이 길을 지나다가 선바위 그늘에 앉아 잠시 쉬고 있을
때 선바위가 신선에게 물었다.

"신선께서 인간들을 보실 때 가장 어리석은 것이 무엇
인지요?"

신선이 엷게 웃으며 말하기를,

첫째는, 어린 시절엔 어른 되기를 갈망하고 어른이 되어서는 다시 어린 시절로 돌아가기를 갈망하는 것이 도무지 무얼 모르는 철부지로다. 둘째는, 돈을 벌기 위해서 아등바등 하다가 건강을 잃어버린 후 건강을 되찾기 위해서 번 돈을 모두 병원과 약방에 가져다 바치니 미련한 존재로다. 셋째는, 미래를 염려하다가 현재를 놓쳐 버리고는 결국 미래도 현재도 둘 다 누리지 못하니 참으로 안타까운 존재로다.

결론적으로 인간은 절대 죽지 않을 것처럼 탐욕스럽게 살지만, 조금 살다가 살았던 적이 없었던 것처럼 죽는다는 것을 모르고 사니까 참으로 어리석도다.

잠시 침묵에 잠겨있던 선바위가 신선에게 인간들이 꼭 알고 살아가야 할 교훈을 부탁하자 신선이 조용히 말하기를,

사람이 일생을 보내면서 마치 자신이 잘 해서 살아온 것처럼 생각하고 있으나 본인도 모르게 타인에게 받은 은

혜가 태산같이 크다는 것을 알고 늘 감사하는 마음으로 살아야 하느니라. 어느 사람에게 상처를 주기는 단지 몇 초의 시간 밖에 걸리지 않지만, 그 사람의 상처가 아물기에는 몇 년이 걸릴 수도 있다는 것을 명심해야 하며, 진정한 부자는 많이 가진 사람이 아니라 가진 것이 적어도 그것으로 만족하며 이웃과 나누며 사는 사람이 정말 부자라는 것을 알고 살아가야 하느니라.

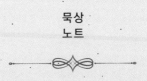

묵상
노트

커피를 한 잔 마시며, 처음에는 뜨거워서 못 마시겠더
니 마실만하면 금방 식어 버립니다. 인생도 그렇습니다. 열
정이 있을 때가 좋을 때이고 그것이 식고 나면 너무 늦습
니다. 커피는 따뜻할 때 마시는 것이 잘 마시는 것이고 인
생은 지금 이 순간에 즐겁게 사는 것이 잘 사는 것입니다.

사랑을 알 때 쯤 사랑은 변하고, 부모를 알 때 쯤 부모는
병들고, 자신을 알 때 쯤 이미 많은 것을 잃습니다. 흐르는
강물도, 흐르는 시간도 잡을 수 없습니다. 모든 것은 빨리
변하고 빨리 지나갑니다. 우린 항상 무언가를 보내고 또 얻
어야합니다.

하나님은 우리에게 망각의 은혜를 주셨습니다. 일상의

슬픔과 기쁨과 고통 등, 과거에 집착하지 않고 혼자서는 잊어버리기가 불가능 한 것들을 새로운 시작이 가능하도록 잊어버리게 하는 잊어버림의 은혜가 얼마나 큰지요?

뒤에 있는 것은 잊어버리고 앞에 있는 것을 잡으려고 푯대를 향하여 그리스도 예수 안에서 하나님이 위에서 부르신 부름의 상을 위하여 달려가노라 • 빌립보서 3: 13-14

그런즉 누구든지 그리스도 안에 있으면 새로운 피조물이라 이전 것은 지나갔으니 보라 새것이 되었도다

• 고린도후서 5:17

더불어서 하나님의 은혜를 잊지 않을 은혜도 주셨으므로 우리가 하나님의 은혜를 알기 때문에 더욱 감사하며 살아가야 하겠습니다.

감사의 씨앗

미국 조지아주에 마르다 벨이라는 여선생님이 있었다.

선생님이 학교에서 아이들을 가르치는데 너무 가난한 시골학교라 피아노가 없었다. 선생님은 당시 미국 최고의 부자였던 자동차의 왕 헨리 포드에게 피아노를 살 돈 1,000불만 보내달라고 도움을 요청하는 간곡한 편지를 보냈다.

헨리 포드는 그 편지를 받고 마음이 상했다. 왜냐하면 수많은 사람들이 헨리 포드에게 돈을 요구했으며, 받아 갈 때는 사정해서 받아 가지만 대부분 감사하다는 말 한마디 없이 그것으로 끝났기 때문이다. 이 사람도 그런 사람 중에 하나일거라 생각하고는 그냥 거절할 수가 없어서 10센트만 겨우 보내주었다.

1,000불을 달라고 했는데 1달러도 아닌 10센트를 보냈으니 얼마나 실망했겠는가? 그런데 그 선생님은 그 돈을 감사히 받아서 10센트만큼의 땅콩을 사서 운동장 한 구석에다 심었다. 얼마 후에 땅콩을 수확해서 어느 정도의 이익금을 냈다. 또 다음 해에도 더 많은 씨를 뿌리고 더 많은 수확을 얻었다. 그렇게 노력한 결과 5년 만에 피아노를 살 수 있었다. 그리고 그는 헨리 포드에게 감사의 편지를 보냈다.

헨리포드는 선생님의 편지를 받고 너무 기뻐서 1,000불의 10배나 되는 10,000불을 보내면서 '당신은 내가 미국에서 존경하는 유일한 사람입니다. 나는 당신에게 돈을 보내는 것이 아니라 내 마음을 보냅니다. 나는 당신의 이야기를 듣고 큰 감동을 받았습니다'라는 편지를 동봉해왔다.

그 선생은 10센트를 받고 불평과 불만의 씨를 심은 것
이 아니라 감사의 씨를 심어서 엄청난 하늘의 수확을 얻었
다. 단순한 땅콩의 수확이 아니라 하나님의 은혜를 입은 것
이다.

하나님의 지으신 모든 것이 선하매 감사함으로 받으면
버릴 것이 없나니 • 디모데전서 4:4

불평은 불평을 낳고 원망은 원망을 낳지만 감사는 감사
를 낳습니다. 불평은 불행의 시작입니다. 그러나 감사하는
사람은 감사할 것들이 계속 생깁니다.

불평과 불만, 원망과 저주는 모든 질병의 원인이 될 수
있지만, 감사는 인간의 질병을 치료하는 특효약입니다.

감사는 문제를 해결하는 힘이 있습니다.
현실을 변화 시키는 신비한 능력이 있습니다.

일이 잘 안되고 꼬이십니까?
이때가 바로 감사할 때입니다.
찬송할 때입니다.
기뻐할 때입니다.

우리의 모든 문제를 푸는 길은 감사하는 것입니다.

감사하며 웃으며 사는 사람에게는 신기하게도 축복의
길이 열립니다.
신앙인의 영적 성숙도를 평가하는 가장 올바른 기준의
하나는 '감사'입니다.
건강할 때만 감사하는 것이 아니라, 때로는 질병 가운
데도 감사의 조건을 찾아내려 하는 사람들입니다.

장사가 잘되고 수입이 좋을 때에만 감사하는 것이 아니라 장사가 안 되도 감사의 제목을 찾아내고, 성공할 때 감사하는 것이 아니라 실패 중에도 역경 중에도 감사할 줄 아는 사람이 성공할 수 있는 것입니다.

사랑하는 친구여! 어떠한 형편과 처지에서도 감사의 씨를 심어서 엄청난 하늘의 복을 거둘 수 있기를 바랍니다.

박장대소

웃으면 지독한 통증도 사라지고, 웃으면 암과 같은 불치병의 치료에도 많은 효과가 있다고 한다.

1930년대 하버드 대학의 한 교수가 척추 암에 걸려서 잔여 수명 6개월 판정을 받았다. 어찌나 통증이 심한지 참을 수가 없었고 마약성 진통제를 맞아도 통증이 감소되지 않아서 힘든 생활을 하였다.

그러던 어느 날, 찰리 채플린의 코믹 영화를 보게 되어 자기도 모르는 사이에 실컷 웃고 나니 척추 암으로 인한

통증이 잠시 사라진 놀라운 경험을 하게 되었다. 갑자기 영
감을 얻은 그는 그 이후로 틈만 나면 큰소리로 미친 듯이
웃었으며 놀랍게도 그 결과 30년을 더 생존하게 된다.

그 이후 웃으면 통증이 왜 사라지는지 수많은 연구가
진행되었다.

웃으면 행복 호르몬 도파민이 분비되어 기분이 좋아지
고, 웃으면 내인성 마약 성분인 엔도르핀, 엔케팔린, 다이
놀핀이 분비되면서 자기 몸 스스로가 부작용 없는 천연 마
약성분을 분출하여 통증이 사라진다. 웃음으로 인해 행복
해지고 통증이 사라지고 건강이 회복 되면서 많은 질병이
호전된다. 우리의 인체는 이렇게 놀라운 자연치유력을 가
지고 있다.

대부분의 환자들도 웃음 치료가 효과가 있다는 것을 한
번쯤은 들어서 알고 있다. 그다음에 다시 묻는다. 그러면
언제 웃을 건가? 그러면 많은 환자가 대답한다.

"웃을 일이 있어야 웃지요"

다른 사람이 웃겨 주기를 기다리지 말고 내가 다른 사람에게 웃음을 선사해보면 어떨까? 같이 한번 웃어보자. '하하하~'

지금 옆에 있는 사랑하는 가족들, 친구들, 동료들에게 먼저 웃음을 나눠주자.

오늘도 당신은 좋은 일만 있을 것이다.

**묵상
노트**

하나님이 지으신 모든 것이 선하매 감사함으로 받으면
버릴 것이 없나니 • 디모데전서 4:4

감사함으로 여호와께 노래하며 수금으로 하나님께 찬
양할지어다 • 시편 147:7

건강식품보다 훨씬 효능이 좋지만 돈으로 살 수 없는
신비의 약들이 있습니다.

웃으면 나오는 엔도르핀은 스트레스를 해소해 줍니다.
감사하면 나오는 세로토닌은 우울함을 없애줍니다.
운동하면 나오는 멜라토닌은 불면증을 없애줍니다.

사랑하면(하나님) 나오는 도파민은 혈액순환에 좋습니다.

감동하면 나오는 다이돌핀은 만병통치약입니다.

오늘도 기쁨, 사랑, 행복, 건강이 함께하는 하루 되세요.

감사의 힘

부시가 미국 대통령이 되면서 최초의 흑인 국무장관이
된 뉴욕빈민가 출신 콜린파월 장관의 이야기다.

아르바이트를 하는 공장에서 어느 날 그는 다른 인부들
과 함께 도랑을 파는 일을 하게 되었다. 그때 한사람이 삽
에 몸을 기댄 채 회사가 충분한 임금을 주지 않는다며 불
평하고 있었고, 그 옆에서 다른 한 사람이 묵묵히 열심히
도랑을 파고 있는 것을 보게 되었다.

몇 해가 지나 다시 그 공장에 아르바이트를 하러 갔을

때 여전히 그 사람은 삽에 몸을 기댄 채 불평을 늘어놓고 있었지만 열심히 일하던 그 사람은 기술을 익혔는지 지게차를 운전하고 있었다. 다시 여러 해가 흘러 그곳에 다시 갔을 때 늘 불평만 하던 사람은 원인 모를 병으로 장애인이 되어 회사에서 쫓겨났지만 열심히 일하던 사람은 그 회사의 사장이 되어 있었다.

이 일화는 파월의 인생에 큰 교훈이 되었다고 한다.

불평을 일삼는 사람은 결국 스스로 그 불평의 열매를 따먹게 마련이다. 반면 감사는 그에 상응하는 열매는 물론이요 그 자체로 행복을 증가시켜 준다. 행복은 결국 감사에 비례하는 것이다.

서양 속담중에 이런 명언이 있다.

"행복은 언제나 감사의 문으로 들어와서 불평의 문으로 나간다. 조심하라. 불평의 문으로 행복이 새나간다."

이것이 감사의 힘이다.

일본 마츠시타 전기의 창업자 마츠시타 고노스케 사장은 일찍이 감사의 힘을 간파했던 사람이다. 그는 "감옥과 수도원의 공통점은 세상과 고립되어 있다는 점이다. 차이가 있다면 불평을 하느냐, 감사를 하느냐의 차이 뿐이다. 감옥이라도 감사를 하면 수도원이 될 수 있다." 는 말을 통하여 긍정적 사고와 매사에 감사할 줄 아는 자세의 중요성을 역설하고 있다.

감사는 희망의 언어다. 감사는 역경을 벗어나는 인생의 출구다. 감사하기를 생활화하면 모든 일들이 잘 형통된다.

"감사합니다"
그 말은 얼마나 포근한가요.

"수고하셨습니다"
그 말은 얼마나 고마운가요.

"힘내세요"
그 말은 얼마나 위로가 되나요.

"행복하세요"
그 말은 얼마나 따뜻한가요.

"멋져요"
그 말은 얼마나 기분 좋은가요.

"사랑합니다"
그 말은 얼마나 행복해지나요.

좋은 말에서 정이 싹튼다.
아끼지 말고 말해주자.

노하기를 더디 하는 자는 용사보다 낫고 자기 마음을
다스리는 자는 성을 빼앗는 자보다 나으니라 • 잠언 16:32

감사는 능력입니다.
모든 일에 감사하는 사람은 환경과 여건에 관계없이 자
기 자신의 마음을 다스린다는 것을 의미하기 때문입니다.

매사에 불평을 달고 사는 사람 옆에 있으면 스트레스가
됩니다. 그러나 항상 감사하는 사람과 동행하면 삶이 즐겁
습니다. 이런 사람은 다른 사람의 마음을 행복하게 해 주며
하나님의 마음을 움직입니다.

우리는 복을 받아서 감사하는 게 아니라 감사하기 때문

에 복을 받는 것입니다.

　내가 잘 되는 것은 물론이요, 남이 잘되는 것도 내가 감
사해야 할 일입니다.

　그 이유는,

　남들도 나처럼 하나님의 형상으로 지음 받은 까닭이며,

　남의 잘되는 것으로 인하여 감사할 때에 하나님이 더욱
기뻐하시는 까닭이며,

　그 감사로 인해 나 자신도 더욱 기쁜 까닭이며,

　무엇으로 인하든지 참되이 감사하는 자는 하나님의 은
혜를 더 많이 받기 때문입니다.

　사랑은 오래 참고 사랑은 온유하며 시기하지 아니하며

사랑은 자랑하지 아니하며 교만하지 아니하며 무례히 행하지 아니하며 자기의 유익을 구하지 아니하며 성내지 아니하며 악한 것을 생각하지 아니하며 불의를 기뻐하지 아니하며 진리와 함께 기뻐하고 모든 것을 참으며 모든 것을 믿으며 모든 것을 바라며 모든 것을 견디느니라

• 고린도전서 13:4-7

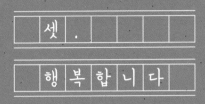

셋.
행복합니다

복 있는 사람은 악인들의 꾀를 따르지 아니하며 죄인들의 길
에 서지 아니하며 오만한 자들의 자리에 앉지 아니하고 오직 여
호와의 율법을 즐거워하여 그의 율법을 주야로 묵상하는도다
그는 시냇가에 심은 나무가 철을 따라 열매를 맺으며 그 잎사귀
가 마르지 아니함 같으니 그가 하는 모든 일이 다 형통하리로다

_시편 1:1-3

진정한 기도

인간은 늘 자신의 한계를 느끼게 마련이며 그런 상황에서 하나님께 도움을 청하는 것은 자연스러울 뿐 아니라 마땅한 일이다.

우리가 하나님께 청원기도를 드리는 것은 인간은 창조주이신 하나님 앞에서 한낱 피조물이라는 한계를 고백하는 것이고 이전까지는 하나님과 등을 대고 지냈을지 몰라도 청원기도를 하는 순간 하나님을 향해 돌아서는 것이다. 따라서 하나님께 용서를 청함이 청원의 첫 단계이며 필요한 것은 무엇이나 다 청원 대상이 될 수 있다.

그러나 명심해야 할 점은 우리가 필요로 하는 것을 청하기 전에 먼저 하나님의 뜻이 이뤄지도록 청해야 한다는 것이다. 다른 이를 위해 청원하는 중보기도도 청원기도에 포함된다. 중보기도는 나눔의 행위이며 사랑의 실천이다. 중보기도에는 한계가 없으며 원수들을 위해서도 기도해야 한다.

통성기도는 소리를 내어 간구하는 기도이며 이때의 소리는 그저 스쳐지나가는 소리가 아니라 하나님께 건네는 말이다. 말은 인격의 표현이기도 한다. 따라서 통성기도를 드릴 때 정성을 다해 온 마음으로 우리의 간구와 감사와 찬양을 올려 드려야 한다.

묵상기도는 침묵 중에 하나님 말씀을 듣고 하나님 뜻을 새기며 마음으로 바치는 기도를 말한다. 묵상기도는 우리의 사고력, 상상력, 감정, 의욕 등을 동원하는 탐색적인 기도이고 그 목적은 삶의 현실에 비추어 고찰한 주제를 신앙을 통해 우리 것으로 만드는 데 있다. 묵상을 할 때는 보통 묵상자료를 이용한다. 묵상자료로는 성경을 비롯해서 전례기도문, 신심서적이나 성화상 등을 적절하게 이용할 수 있다.

관상기도는 "우리를 사랑하시는 하나님과 자주 단둘이 지냄으로써 친밀한 우정의 관계를 맺는 것"이라고 설명된다.

달리 표현하면 관상기도란 그저 바라보고만 있어도 좋은 상태라고 할 수 있을 것이다. 그래서 관상기도는 기도라기보다 기도의 상태라고 하는 것이 더 정확할지 모르겠다.

관상기도는 침묵 중에 주님께 시선을 고정시키는 바라봄의 기도이며, 우리 내면에 말씀하시는 주님의 말씀을 귀기울여 듣는 들음의 기도이며, 자신을 완전히 비워 하나님과 일치하는 비움의 기도, 일치의 기도이기도 하다.

관상기도는 하나님의 선물이며 은총이다.

누가 누구에게 불만이 있거든 서로 용납하여 피차 용서
하되 주께서 너희를 용서하신 것 같이 너희도 그리하고

• 골로새서 3:13

모든 성도들이 다 하나님을 의지하고 여러 가지 문제를
해결해 달라고 기도하고 있으니 나라도 바쁘신 하나님을
위해서 그와 같은 기도는 하지 말아야지 하고 생각할 수도
있으나 하나님은 전능하시고 무한한 능력을 가지셨으므로
그런 걱정은 안하셔도 됩니다.

또한 하나님은 전능하신 분이시니 알아서 모든 일을 해
주시겠지 하고 기도를 안 하는 것도 잘못입니다.

우리는 무조건 쉬지 말고 기도해야 합니다.

당신은 하나님 앞에 청구서를 남발하듯 마구 자신의 바람을 던져놓고 결재만 기다리는 식으로 기도한 적은 없습니까?

때때로 우리는 기도할 내용도 응답 받을 내용도 모두 정해놓고 기도합니다. 그러나 하나님은 우리와 대화를 원하십니다. 내가 모든 것을 결정하고 요청하지 마십시오. 그분의 생각을 들어 보십시오. 하나님께서는 훨씬 더 좋은 대안이 있습니다.

우리는 기도를 열심히 해도 응답이 없으면 점점 기도가 약화됨과 함께 가끔은 비뚤어진 기도가 되는 것을 볼 수 있습니다. 예를 들어, "하나님은 살아계십니까? 정말 제 기도를 들으셨나요? 계속 응답을 안 하시면 저도 금요예배는 참석하기 어렵습니다."

그러나 기도의 응답은 하나님의 때에 하나님의 방법으로 이루어집니다.

또 중요한 원리중 하나는 용서 즉 화목 없이 기도하면 응답이 없습니다.

기도의 응답과 용서는 불가분의 관계입니다. 힘들어도 용서를 먼저 해야 합니다. 용서는 주님의 명령이며 용서는 타락한 인간의 성품이 아닌 하나님의 선한 성품입니다.

누림의 행복

.

동네 앞 시궁창에서 오전에 부화한 하루살이는 점심 때 사춘기를 지나고 오후에 짝을 만나 저녁에 결혼 했으며 자정에 새끼를 쳤고 새벽이 오자 천천히 해진 날개를 접으며 외쳤다.

"춤추며 왔다가 춤추며 가노라."

미루나무 밑에서 날개를 얻어 7일을 산 늙은 매미가 말했다.

득음도 있었고, 지음도 있었다. 꼬박 이레 동안 노래를 불렀으나 한 번도 나뭇잎들이 박수를 아낀 적은 없었다.

칠십을 산 노인이 중얼 거렸다. 춤출 일이 있으면 내일로 미뤄두고, 노래할 일이 있으면 모레로 미뤄두고, 모든 좋은 일들은 좋은 날이 오면 하겠노라고 미뤄두었더니 가쁜 숨만 남았구나.

그즈음 어느 바닷가에서는 천년을 산 거북이가 느릿느릿 천년 째 기어가고 있었다.

하루를 살아도 천년을 살아도 모두가 각자의 한 평생이다.

하루살이는 시궁창에서 태어나 하루를 살았지만 제 몫을 다하고 갔으며, 춤추며 왔다가 춤추며 간다고 외쳤다니 그 삶은 즐겁고 행복한 삶이었을 것이다. 매미는 7년을 넘게 땅속에서 굼벵이로 인고의 시간을 보내고 7일을 살고 갔지만 득음도 있었고 지음도 있었다니 얼마나 대단한 일인가?

인간은 음을 알고 이해하는데 10년이 걸리고 노래의 경지는 한평생도 부족하다는데 매미는 짧은 생에서 다 이루었다니 정말 대단하지 않은가? 하지만 사람은 맹목적으로 허둥대며 살다가 후회만 남기고 가는 것이 인생이다.

천년을 산 거북이는 모든 것을 달관한 듯 세상에 바쁜 일이 없이 느릿느릿 제 갈 길 다 가고 제 할 일 다 하면서 건강까지 지키니 천년을 사나 보다.

이 우화들이 우리에게 많은 교훈과 깨달음을 주고 있다.

모두가 후회 없이 삶을 사는데 유독 인간만이 후회를 남긴다. 사람이 죽은 뒤 무덤에 가보면 껄껄껄 하는 소리가 난다는 우스갯소리가 있다.

웃는 소리가 아니라 좀 더 사랑할 걸, 좀 더 즐길 걸, 좀 더 베풀며 살 걸, 이렇게 껄껄껄 하면서 후회를 한다니 이 얼마나 어리석고 미련한 일인가?

묵상
노트

하나님의 나라는 먹는 것과 마시는 것이 아니요 오직
성령 안에 있는 의와 평강과 희락이라 • 로마서 14:17

험한 산길을 올라가보지 않으면 평지의 편안함을 모르
고 슬픔을 겪어보지 않은 사람은 기쁨이 무엇인지 모릅니
다. 걸을 수 있을 때 여기저기 좋은 곳도 가보고, 맛있는 음
식도 찾아다니면서 사 먹고, 누릴 수 있는 것은 누리면서
살아갑시다. 나이가 들어가면서 얼굴에 잔잔한 미소를 띠
고, 늘 자신에게 말을 걸어봅시다. 나는 행복한 사람, 나는
행복한 사람이라고….

전체를 보는 안목이 중요합니다.

우리는 하나님이 우리에게 선물해 주신 하나님 나라를 누리면서 살아야합니다. 지금 이 땅에서 하나님이 주시는 의와 평강과 희락을 느끼고 누리며 살아가기를 소망합니다.

안분지족 安分知足

사기 영업의 최고봉은 금융다단계와 기획부동산이다.

기획부동산의 전형적 사기수법은 법인을 설립하여 호
화 사무실을 차리고, 개발예정지 인근의 토지이지만 개발
이 어려운 토지를 값 싸게 산 뒤 수많은 지분으로 쪼갠 후
도면이나 사진 등을 이용하여 그럴듯한 가짜 개발 계획을
만들고, 머지않아 수십 배의 차익을 실현할 수 있는 것처럼
포장한 후 영업사원 등 판매조직을 만들어 텔레마케팅과
피라미드식 다단계 판매기법을 동원하여 시세보다 수십
배씩 비싸게 판매하여 차익을 챙기는 수법이다.

기획부동산은 불특정 다수인을 상대로 텔레마케팅을 하거나 지인들을 동원하는 피라미드식 다단계 판매기법을 주로 동원한다.

다수의 텔레마케터를 고용하여 집요하고 무차별적인 전화, 메일, 메시지 공세를 펴는 방법으로서 돈은 좀 있어 부동산투자에는 관심이 많은데 업무가 바빠서 현장조사를 하지 못하는 사람들이나, 등기부등본도 볼 줄 모르는 초보 투자자들이 바쁘거나 몰라서 그들의 올가미에 쉽사리 걸리게 되는 것이다. 그들은 대부분 부동산에 문외한이라 현장조사 시 해당 토지가 아닌 입지조건이 좋은 엉뚱한 토지를 보여주는 눈속임을 해도 모르고 넘어가게 된다.

또 다른 고차원적 다단계식 판매기법은 기획부동산이 영업사원을 채용한 후 상당한 인센티브나 수당을 약속하며 그 친인척과 지인에게 판매를 하게 유도하고 매수자를 다시 직원으로 끌어들여 하부조직을 계속 만들어가며 판매하게 하는 방법으로서, 가까운 친인척이나 지인이 수익

성 좋은 물건이라고 적극 권유하니 쉽사리 속아 넘어가는 것이다.

물론 고용한 영업 사원들은 끊임없는 반복 교육을 통하여 세뇌를 시켜서 정말 개발이 계획대로 진행되어 많은 이익을 낼 수 있는 좋은 땅이라는 것을 믿게 만들어서 영업을 시킨다. 실로 인간 심리를 교묘하게 이용하는 사기 수법의 하나인 것이다.

필자는 하나님을 만나기 전에 허황된 욕심을 가지고 있었으며 그로 인해 피해를 입었다. 평창 동계올림픽을 앞두고 근처의 땅에 투자해 두면 많은 수익을 얻을 수 있다는 기획부동산 유혹에 걸려 많은 투자를 했으나 결국 사업주가 돈만 챙기고 도주하여 등기도 못하고 큰 손실을 입게 되었다. 몇 년을 가까스로 찾아서 알아보니 사업주가 다른 사람들에게 이중 사기로 고발을 당하여 붙잡혀서 상주교도소에 복역하고 있었다.

즉시 찾아 가서 다시 사기로 가중처벌 고소를 하겠다고 강력하게 호소하니 출소하면 우선적으로 변제해 주겠다고 하여 약정서를 받고 기다렸으나 사업이 어렵다는 핑계로 아직까지 일부만 변제 받고 전액을 돌려받지 못하고 있다. 고소를 하려고 해도 상대방이 재산이 있어야 받을 수 있는 데 재산도 없고 형사고소는 쉽지 않고 민사는 시간과 경비만 들어가서 곤란하여 지금도 해결을 기다리고 있는 중이며 이 모든 것이 나의 큰 욕심이 화근이 된 것 같아 하나님 앞에 회개하고 주가 주신 은혜가 이미 내게 만족함을 알기 위해서 기도하고 있다.

만족이란 마음이 흡족하거나, 모자람이 없이 충분하고 넉넉한 것을 뜻하는 말로써 사람들은 언제나 이 만족을 얻기 위해서 살아가고 있다. 사람이 겉보기에는 크게 성공하여 안정적으로 살아간다 해도 정작 본인이 삶에 만족하지 못한다면 성공한 삶으로 보기 힘들다. 즉 만족은 자기 마음먹기에 달려 있다.

.

만족滿足이라는 한자를 살펴보면 만(滿)은 가득하다, 차오르다, 라는 뜻이고 족足은 발이라는 뜻인데 어째서 만족이라는 단어에 발 족자가 쓰이는지 궁금해서 알아보았더니 발목까지 차올랐을 때 거기서 멈추는 것이 바로 완벽한 행복이라는 뜻을 알았으며 이러한 말을 만든 인류가 참 위대하다는 생각이 들었다.

이것은 행복에 대한 어떠한 철학적 표현이나 시적인 미사여구보다 완벽한 정의가 아닐까? 만족이라는 한자를 보면서 행복은 욕심을 최소화할 때 비로소 얻을 수 있는 것임을 새삼 깨닫게 된다.

족욕足浴은 욕실에서 샤워를 하면서 대야에 뜨거운 물 받아놓고 발을 담구는 건강법인데 이때 발목까지만 따뜻한 물속에 담가도 곧 온몸이 따뜻해지며 이마에 땀이 송글송글 맺히는 것을 경험할 수 있다. 한의학에도 머리는 차가와도 발은 따뜻하게라는 두한족열頭寒足熱이라는 말이 있듯이 발목까지만 따뜻해도 온몸이 따뜻해지는 것이다.

그런데 우리는 지금껏 모든 것이 목까지 차오르고 머리 끝까지 채워져야 행복할 것이라는 지나친 욕심에 사로잡 혀 있었던 것은 아닌가 하고 스스로 반성해 본다.

평강은 편안, 편리하고는 다른 뜻이다. 편안은 신체가 편안함이고 평강은 마음이 편한 상태이다. 물질적으로 풍 부해도 그것이 평강은 아니요 가난해도 평강을 느낄 수가 있으니 이 평강은 하나님이 성령 안에서 우리에게 주시는 선물이다. 하나님이 주시는 평강은 세상이 주는 것과 달라 서 누구도 빼앗을 수 없고 변하지도 않는 것이니 주가 주 신 은혜에 만족함을 깨닫고 평강을 누리며 살아가는 것이 진정한 지혜일 것이다.

평강을 얻은 사람만이 다른 사람을 평강으로 선교 할 수 있다. 즉, 평안의 복음을 전할 수 있다. 재물이나 지식이 평강을 가져다주는 것이 아니고 오직 주님만이 성령의 은 혜로 인생의 풍랑에서 누릴 수 있는 평안을 주셨으니 우리 는 이것을 담대히 누리며 살아야 한다.

묵상
노트

나의 평안을 너희에게 주노라 내가 너희에게 주는 것은
세상이 주는 것과 같지 아니하리라 너희는 마음에 근심하
지도 말고 두려워하지도 말라 •요한복음 14:27

이 세상에서 가장 행복한 사람은 누구입니까?

지금 있는 그대로 이 모습 그대로 감사하면서 사는 사
람이다. •탈무드

행복은 감사하는 사람의 것이다. •아리스토텔레스

가장 행복한 사람은 가장 많이 소유한 사람이 아니라,
가장 많이 감사하는 사람이다. •빌 헬름 윌러

행복이란

철학자 칸트는 행복의 세 가지 조건에 대해 이렇게 말했다.

"할 일이 있고, 사랑하는 사람이 있고, 희망이 있다면 그 사람은 지금 행복한 사람이다."

우리가 행복하지 않은 건 내가 가지고 있는 걸 누리고 감사하기 보다는 내가 가지고 있지 않은 걸 탐내기 때문이라고 한다. 행복해 지고 싶다면 내가 가지고 있는 것들, 내 주변에 있는 사람들을 아끼고 사랑해야 한다.

남이 나를 행복하게 만들어 주기를 기다리지 말고, 나 스스로 행복을 느끼고 행복을 만들어 가면 그 결과 주변 사람들에게 행복 바이러스를 퍼뜨리게 된다. 즉, 행복은 '셀프'이다.

행복의 씨앗을 내 스스로 만드는 것이 중요하다. 행복은 향수와 같다고도 말한다. 자신에게 먼저 뿌리지 않고서는 남에게 향기를 줄 수 없다.

멋진 사람보다는 따뜻한 사람이 되자. 멋진 사람은 눈을 즐겁게 하지만 따뜻한 사람은 마음을 데워 준다. 잘난 사람보다는 진실한 사람이 되자. 잘난 사람은 피하고 싶지만 진실한 사람은 곁에 두고 싶어진다. 대단한 사람보다는 좋은 사람이 되자. 대단한 사람은 부담을 주지만 좋은 사람은 행복을 준다.

행복이란?

시간이 없다며 쩔쩔매는 이에게 왜 그리 바쁘게 사느냐고 물었더니 행복하기 위해서라고 말한다. 많은 재산을 갖고도 악착같이 돈을 벌려는 이에게 왜 그렇게 많은 돈이 필요하냐고 물었더니 행복하기 위해서라고 말한다. 많은 권력을 갖고도 만족 못하는 정치인에게 왜 그렇게 큰 권력이 필요하냐고 물었더니 행복하기 위해서라고 말한다.

도대체 행복이 무엇이기에 모두들 행복, 행복 하는지 궁금했다. 나이 지긋한 철학자에게 행복이 뭐냐고 물었더니 그걸 알기 위해서 평생 공부했지만 아직도 잘 모르겠다고 말한다. 수십 개의 계열 기업을 가진 대기업 회장에게 행복이 뭐냐고 물었더니 그걸 알기 위해서 평생 많은 돈을 벌었지만 아직도 행복하지 않다고 말한다.

행복을 찾기 위해 많은 사람들을 만났지만 해답을 찾지 못하고 답답하게 돌아오는 길에 추운 거리에서 적선을 기다리는 걸인을 만났다. 그에게 행복이 뭐냐고 물었더니 오늘 저녁 먹을 끼니와 잠잘 곳만 있으면 아주 행복할 것이라고 말한다.

그렇다. 행복은 먼 곳이나 미래에 있지 않고, 돈으로 살 수 있는 것도, 훔쳐 올 수 있는 것도 아니며, 내 마음 속에 있는 것이다. 욕심이 작을수록 행복이 커지는 법, 분수에 맞는 만족으로 늘 행복하기를 바란다.

같은 하루를 보내면서도 어떤 사람은 불행에 빠져 생활하고 어떤 사람은 행복에 겨워 생활한다. 이유는 한 가지이다. 세는 것이 다르기 때문이다.

불행한 사람은 잃은 것을 센다. 이것도 잃고 저것도 잃었다고 센다. 잃은 것은 셀수록 감사함도 잃게 된다. 잃은 것을 셀수록 만족감도 잃게 된다. 잃은 것을 세는 만큼 행복이 비워진다. 행복한 사람은 얻은 것을 센다. 이것도 얻고 저것도 얻었다고 센다. 얻은 것을 셀수록 감사함도 얻게 된다. 얻은 것을 셀수록 만족감도 얻게 된다. 얻은 것을 세는 만큼 행복이 채워진다.

무엇을 세고 있는가? 잃은 것을 세는 만큼 삶이 불행해

진다. 얻은 것을 세는 만큼 삶이 행복해진다. 무엇을 세느냐에 따라 삶이 달라진다. 무얼 받을 수 있나 보다 무얼 주는가에 한 사람의 가치가 있다.

묵상
노트

여호와께 감사하라 그는 선하시며 그 인자하심이 영원
함이로다 • 시편 107:1

하나님의 나라는 먹는 것과 마시는 것이 아니요 오직
성령 안에 있는 의와 평강과 희락이라 • 로마서 14:17

신앙생활은 누림이고 은혜를 누리며 살아야 합니다. 죽
은 다음이 아니라 자기의 삶(가정, 일터)속에서 항상 성령
충만함 속에서 불의와 타협하지 아니하고 하나님의 나라
를 누리며 살아야 가치가 있습니다.

오직 성령 안에서만 이루어지는 하나님의 나라는,

의의 나라이며
평강의 나라이며
희락(기쁨)의 나라입니다.

이는 죄와 죽음의 법칙에서 해방된 자만이 누릴 수 있
기 때문입니다.

죽음이란 - 그리스도의 부활

　죽음에 대한 전통적 정의에 따르면 '심장 및 호흡 기능과 뇌 반사의 영구적인 소실'을 죽음이라 한다. 호흡운동과 심장박동이 멈추고 뇌 반사가 소실된 것이 불가역적일 때 죽음을 판단하고 다시 24시간을 기다려야 법적으로 죽었다고 판정할 수 있는 것이다.

　죽음이 무엇인가 하는 질문은 동서고금을 막론하고 모든 인류의 오랜 숙제였다. 아마도 그만큼 인간은 공통적으로 죽음을 두려워하기 때문일 것이다. 우리는 모두 죽음을 경험해 보지 못했기 때문에 죽음에 대한 질문보다는 생명에 대한 질문이 보다 근본적이고 우리가 논의할 가치가 있다고 생각되기도 한다.

어쩌면 공자 역시 이런 맥락에서 죽음을 묻는 제자에게 "삶도 다 모르는데 어찌 죽음을 논하겠느냐?"라고 되물었을지도 모른다. 어찌되었든 우리가 한 가지 알고 있는 것은 모든 살아있는 것은 필연코 죽지만 죽은 것이 다시 살아나는 경우는 없다는 진실이다.

만난 자는 반드시 헤어지고 모든 생명은 반드시 죽는다. 인생이 비극이고 허무하며 부질없다는 것은 우리의 모든 것이 영원하지 않다는 것에 그 원인이 있다.

그러나 여기 우리에게 소망을 주는 복음이 있다.

그러나 이제 그리스도께서 죽은 자 가운데서 다시 살아나사 잠자는 자들의 첫 열매가 되셨도다 • 고린도전서 15:20

만일 죽은 자의 부활이 없으면 그리스도도 다시 살아나
지 못하셨으리라. 그리스도께서 만일 다시 살아나지 못하
셨으면 우리의 전파하는 것도 헛것이요 또 너희 믿음도 헛
것이며 또 우리가 하나님의 거짓 증인으로 발견되리니 우
리가 하나님이 그리스도를 다시 살리셨다고 증언하였음
이라 만일 죽은 자가 다시 살아나는 일이 없으면 하나님이
그리스도를 다시 살리지 아니하셨으리라

• 고린도전서 15:13~15

그리스도의 부활은 2천 년 전 과거에 일어났던 사건이
며, 예수님이 우리의 죄를 대신하여 십자가에 못 박혀 죽으
셨다가 3일 만에 다시 살아나신 것을 말한다. 죽은 자 가운
데서 다시 살아 잠자는 자들의 첫 열매가 되셨다는 말씀은
그리스도의 부활이 과거에 있었던 한 사건으로 끝난 것이
아니라 그를 믿는 자마다 부활하고 영생할 것임을 표본으
로 보여 주셨다는 것이다.

그런즉 누구든지 그리스도 안에 있으면 새로운 피조물

이라 이전 것은 지나갔으니 보라 새 것이 되었도다

• 고린도후서 5:17

그리스도의 부활은 오늘 우리 가운데서도 계속 일어나고 있으며 이 현재적 부활은 믿는 자마다 영적으로 거듭나는 부활이다. 현재의 부활은 과거에 죄로 죽어있던 영이 살아나는 것이고, 옛사람은 죽고 새사람으로 창조되는 것이다. 새로운 피조물이 되는 것이다. 어떤 사람들은 거듭남을 마음의 변화 정도로 생각하고 있으나 거듭남과 부활은 같은 의미다. 거듭남은 다시 태어나는 것으로 이전의 것은 죽고, 새 피조물로 태어나는 것이다.

새 피조물은 영적으로 하늘 생명의 몸을 가진 피조물이라는 것이다. 이전의 몸이 아니라 다른 몸이다. 우리가 현재적 부활의 생명을 얻기 위해서는 반드시 먼저 예수와 함께 죽어야 한다. 죄에 대해서 죽고, 세상에 대해서 죽고, 부활의 첫 열매이신 그리스도 안에서 새 생명으로 태어나는 것이다.

이를 놀랍게 여기지 말라 무덤 속에 있는 자가 다 그의 음성을 들을 때가 오나니 선한 일을 행한 자는 생명의 부활로, 악한 일을 행한 자는 심판의 부활로 나오리라

• 요한복음 5:28~29

예수께서 이르시되 나는 부활이요 생명이니 나를 믿는 자는 죽어도 살겠고 무릇 살아서 나를 믿는 자는 영원히 죽지 아니하리니 이것을 네가 믿느냐 • 요한복음 11:25~26

그리고 드디어 예수님의 재림과 함께 있을 몸의 부활이 다가온다. 믿는 사람의 영혼이 구원받아 새로운 피조물이 된 후에도 그 육체는 때가 되면 죽지만, 예수께서 재림하실 때에 그 몸이 부활하게 되는 것이다. 예수님의 부활을 믿는 자에게는 예수님처럼 부활이 있으며, 예수님이 다시 사셨다고 하는 사실은 장래에 우리를 다시 살리시겠다는 뜻도 들어있다.

묵상
노트

예수 그리스도를 믿는 사람들은 죽음을 두려워하지 않습니다. 세상을 살아가면서 예수님과 함께 하는 천국을 맛보고 그 안에서 행복을 누립니다.

세상 사람들은 죽음을 인생의 끝이라 생각하지만 실상은 죽음 이후에 반드시 심판이 있으며 그 결과에 따라 우리의 영원한 삶이 결정됩니다. 하나님 없이 사는 것은 몸은 살아 있어도 영혼이 죽은 삶이며 우리가 하나님을 만났을 때 비로소 새롭게 다시 태어나는 것입니다. 하나님은 성도의 죽음을 가볍게 여기지 않고 귀중하게 여기십니다.

돈, 명예, 권력, 지혜 등 세상의 어떠한 것으로도 사망을 이길 수 없고, 오직 예수를 통해서, 부활의 소망 위에서 우리는 사망의 권세로부터 해방됩니다.

말의 능력

해로동혈偕老同穴 이란 말은 살아서 같이 늙고 죽어서 한 무덤에 묻힌다는 시경에서 유래된 사자성어로 부부가 평생을 함께하며 죽어서도 함께하고자 하는 깊은 사랑과 헌신을 뜻한다.

이 사자성어는 진정한 사랑과 동반자 관계의 이상적인 모습을 강조하며 사랑하는 사람과 함께하는 삶의 가치와 의미를 되새기게 한다. 순식간에 변하고 개인주의가 팽배한 오늘 날에도 해로동혈의 정신은 변치 않는 진정한 사랑의 가치를 우리에게 일깨워주고 있다.

부부가 서로 믿고 의지할 때 그들의 가정이 평화롭고
자녀들이 올바르게 성장한다. 젊을 때는 아내가 남편에 기
대어 살고 나이가 들면 남편이 아내의 도움을 받으며 생을
살아가게 된다. 부부는 서로에게 가장 귀한 보배요 끝까지
함께하는 사람이다. 세월이 가면 어릴 적 친구도 이웃도 친
척도 다 곁을 떠나지만 마지막까지 내 곁을 지켜줄 사람은
사랑하는 아내요, 남편이요, 자녀들이며 이들은 우리가 가
장 소중하게 여기고 아끼며 사랑해야 하는 사람들이다.

퍼시 애로스미스(105세)와 플로렌스(100세)는 전 세
계에서 최장수 부부로 기네스북에 등재되었으며 그들은
1925년 마을 교회에서 만나 결혼한 후 80년간 행복한 결
혼생활을 했다.

기자들이 행복한 결혼생활의 비결을 묻자 "여보, 미안
해요."라는 한마디 말이라고 답했으며 그들은 다툴 일이
생겨도 절대로 하루를 넘기지 않고 '미안하다'라는 말로
사과하며 갈등을 즉시 해결했다고 한다. 그들은 절대로 화

가 난 채로 잠자리에 들지 않았고 화해한 뒤 꼭 껴안은 채 잠이 들었다고 한다. 평생 '미안하다'라는 따뜻한 말 한마디로 사랑을 키워간 것이다.

미국 워싱턴대학 심리학 교수인 존 고트맨 박사의 연구에 의하면 행복한 가정은 칭찬이나 사랑을 나누는 긍정적인 말을 불행한 가정보다 5배 더 많이 사용하고, 불행한 가정은 비난하거나 싸우는 부정적인 말을 행복한 가정보다 1.5배 더 많이 하는 것으로 나타났다.

말 한마디의 힘은 정말로 크다. 부주의한 말 한마디가 싸움의 불씨가 되며 쓰디쓴 말 한마디가 증오의 씨를 뿌리고 무례한 말 한마디가 사랑의 불을 꺼버린다. 반대로 즐거운 말 한마디는 하루를 빛나게 하고 사랑의 말 한마디는 행복을 가져오며 칭찬의 말 한마디가 누군가를 성공으로 이끌어 준다.

사람은 입에서 나오는 열매로 말미암아 배부르게 되나
니 곧 그의 입술에서 나는 것으로 말미암아 만족하게 되느
니라 죽고 사는 것이 혀의 힘에 달렸나니 혀를 쓰기 좋아
하는 자는 혀의 열매를 먹으리라 • 잠언 18:20-21

미국의 전문 뇌 과학자들의 연구에 의하면 인간의 뇌
세포 230억 개 중 98퍼센트가 말의 영향을 받는다고 합니
다. 아메리카 인디언들의 속담에 당신이 생각하고 있는 말
을 만 번 이상 반복하면 당신은 그런 사람이 된다라는 말
이 있습니다. 우리말로 말이 씨가 된다는 것이지요.

진정 우리가 행복해지고 싶다면 행복의 말을 사용해야
할 것입니다.

고난의 극복

남태평양의 사모아 섬은 바다거북들의 산란 장소로 유명하다. 봄이면 바다거북들이 해변으로 올라와 모래 구덩이를 파고 알을 낳는다. 알은 태양열에 의해 저절로 부화된다. 깨어난 새끼들이 바다를 향해 새까맣게 기어가는 모습은 가히 장관을 이룬다.

해양학자들이 여러 가지 실험 중에 산란기 바다거북에게 진통제를 주사해 보았다. 거북은 고통 없이 알을 낳았다.

그러나, 충격적인 일이 벌어졌다.

진통제를 맞았던 거북은 제가 낳은 알을 모조리 먹어 치워 버렸다. 왜 그런 일이 일어났을까? 과학자들은 고통 없이 낳은 알이라 모성 본능이 일어나지 않았을 것이라고 추측한다.

젊은 어부가 바다에서 고기를 잡고 있었다. 해초가 많아 고기를 잡는데 방해가 되었다.

그는 화를 내며 불평했다.

"독한 약을 풀어서라도 해초를 다 없애 버려야겠다."

그러자 늙은 어부가 말했다.

"해초가 없으면 물고기의 먹이도 없어지고 먹이가 없어지면 물고기도 없어진단다."

우리는 장애물이 없어지면 행복할 것으로 믿는다. 그러나 장애물이 없어지면 장애를 극복하려던 의욕도 함께 없

어지게 된다. 오리는 알 껍질을 깨는 고통의 과정을 겪어야
만 살아갈 힘을 얻는다. 누군가 알 깨는 것을 도와주면 그
오리는 몇 시간 못가서 죽는다. 우리의 삶도 그렇다. 시련
이 있어야 윤기가 나고 생동감이 있게 된다.

우리가 사는 세상이 만약 밝은 대낮만 계속 된다면 사
람들은 며칠 못가서 다 쓰러지고 말 것이다. 누구나 어둠을
싫어한다. 하지만 어둠이 있기에 우리는 살아 갈 수 있다.
낮도 밤도 모두 삶의 일부 인 것이다.

다들 좋은 일만 가득하기를 기대하고 희망한다. 그러나
추함이 있어야 아름다움이 더욱 빛나듯 시련이 있어야 삶
이 더욱 풍요롭게 된다. 시련과 고통이 있어야 탄생과 성장
이 있다. 그림자가 없으면 빛도 없다. 기쁨과 슬픔, 삶과 죽
음, 빛과 그림자는 둘이 아닌 하나인 것이다.

어느 영화관에서 영화가 상영되기 전에 국제 영화상을
수상한 우수한 단편영화를 먼저 보여 준다는 안내 방송이

흘러나왔다. 관객이 기대감을 가지고 기다리는 가운데 단편영화가 시작되었다. 그런데 스크린에 평범한 흰색 화면만 보일뿐이었다.

1분이 지나도 흰 화면이고, 2분이 지나도 흰 화면 뿐 이었다. 3분이 지나고 4분이 지나도 마찬가지였다. 오직 흰색 화면만 보였다.

사람들은 생각했다.

'이것이 상을 받은 영화라고? 스크린 전체에 단지 흰색 뿐인데? 영화가 시작되기나 한 거야?'

그렇게 8분이 지났다.

모든 관객이 웅성거리기 시작했다.

"누가 이 영화에 상을 주었는지 모르지만 정말 멍청하

군."

그리고 9분 만에 카메라가 천천히 아래로 이동했다. 카메라는 그때까지 천장에 초점을 맞추고 있었던 것이다. 그곳은 병원이었다. 그리고 병상에는 스무 살 청년이 누워있었다. 그는 전신이 마비된 상태였다. 손, 다리, 얼굴을 전혀 움직일 수 없었다. 유일하게 기능하는 것은 그의 눈이었다. 그리고 10분 후에 내레이션이 흘러 나왔다.

"이 청년은 흰색 천장을 평생 바라봐야 합니다. 당신은 단지 8분 동안 보고 지쳤습니다. 인생에는 크고 작음의 차이 뿐이지 누구나 겪는 고난이 있습니다. 이 고난을 신앙의 힘으로 잘 극복해 나가는 사람이 진정한 행복을 누릴 수 있습니다."

여호와가 너를 항상 인도하여 메마른 곳에서도 네 영혼
을 만족하게 하며 네 뼈를 견고하게 하리니 너는 물댄 동
산 같겠고 물이 끊어지지 아니하는 샘 같을 것이라

· 이사야 58:11

나의 가는 길을 오직 그가 아시나니 그가 나를 단련하
신 후에는 내가 정금같이 나아오리라 · 욥기 23:10

우황청심환은 병든 소에게서 얻어집니다. 병들지 않은
소의 몸에는 우황이 없습니다.

로키산맥 같이 험준하고 깊은 계곡에서 비바람과 눈보

라의 고통을 뚫고 죽지 않고 살아난 나무가 공명에 가장 좋은 원료가 되어 세계 명품 바이올린이 된다고 합니다. 이처럼 고난과 역경 뒤에 위대한 작품들이 나오고 명품들이 나오듯이 우리도 시련과 고통을 통해 귀하게 쓰임 받는 존재가 되는 것입니다.

시련은 누구에게나 찾아옵니다. 그리고 우리가 이겨내지 못할 시련은 없습니다. 살면서 만나는 수많은 시련들을 운 좋게 피할 수도 있겠지만 언제나 그럴 수는 없습니다.

피할 수 없다면 즐겨야 합니다.

행복전파

우렁이는 자기 몸 안에 40~100개의 알을 낳으며 그 알이 부화하면 새끼들은 제 어미의 살을 파먹으며 성장한다. 어미 우렁이는 한 점의 살도 남김없이 새끼들에게 다 주고 빈껍데기만 흐르는 물길 따라 둥둥 떠내려간다. 그 모습을 본 새끼 우렁이들이 이렇게 말한다고 한다.

"우리 엄마 두둥실 시집가네!"

울컥 가슴이 메어 온다.

가물치는 수 천 개의 알을 낳은 후 바로 눈이 멀게 되며 그 후 어미 가물치는 먹이를 찾을 수 없어 배고픔을 참아야 한다. 이때 알에서 부화되어 나온 수 천 마리의 새끼들이 어미 가물치가 굶어 죽지 않도록 한 마리씩 자진하여 어미 입으로 들어가 어미의 굶주린 배를 채워주며 어미의 생명을 연장시켜 준다고 한다.

그렇게 새끼들의 희생에 의존하다 어미 가물치가 눈을 다시 회복할 때 쯤이면 남은 새끼의 수는 10퍼센트가 채 못 되는데 90퍼센트가 넘는 대부분의 어린 새끼들은 기꺼이 어미를 위해 희생한다고 한다. 그래서 가물치를 효자 물고기라고 한다.

우렁이의 모성애와 가물치의 효심을 보면서 우리의 삶을 반성해 보게 된다.

묵상
노트

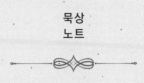

복 있는 사람은 악인들의 꾀를 따르지 아니하며 죄인들
의 길에 서지 아니하며 오만한 자들의 자리에 앉지 아니
하고 오직 여호와의 율법을 즐거워하여 그의 율법을 주야
로 묵상하는도다 그는 시냇가에 심은 나무가 철을 따라 열
매를 맺으며 그 잎사귀가 마르지 아니함 같으니 그가 하는
모든 일이 다 형통하리로다 • 시편 1:1-3

통에 물을 담으면 물통이 되고 쓰레기를 담으면 쓰레기
통이 됩니다. 사람의 마음 안에 무엇을 담느냐에 따라 좋
은 대접을 받을 수도 있고, 천덕꾸러기가 될 수 도 있습니
다. 불만, 시기, 불평, 등 좋지 않은 것들을 가득 담아두면
욕심쟁이 심술꾸러기가 되는 것이고 감사, 사랑, 겸손, 등

좋은 것을 담아두면 남들로 부터 대접받는 사람이 되는 것
입니다.

　우리들 마음의 항아리에 겸손, 감사, 사랑을 가득 담아
서 자신이 먼저 행복해지고 그 행복을 이웃에게 전파하며
살아가야 하겠습니다.

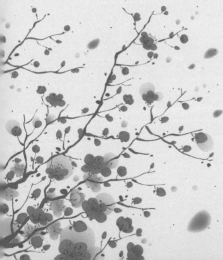

전지전능 무소부재

톨스토이의 단편소설 『사랑이 있는 곳에 신이 있다』를 살펴본다.

마르틴은 구두를 만들고 고치는 제화공이다. 착하고 성실한 그가 절망에 빠졌다. 5년 전에 자식 두 명과 아내를 하늘나라도 보냈는데 근래 하나 남은 막내아들까지 병으로 죽은 것이다. 그는 매일 술로 시간을 보내며 자신도 빨리 죽게 해달라고 하나님께 기도했다.

그러던 어느 날 우연한 기회에 성경을 접하고 읽기 시

작하였다. 그리스도의 삶에 감동을 받은 그는 자신의 삶을 반성하며 새로운 희망을 되찾아 성경 읽기에 열중했다. 하루는 성경을 읽다가 잠깐 잠이 들었는데 하나님의 목소리가 들렸다.

"마르틴, 내가 내일 너를 찾아갈 것이니 창밖을 보아라."

마르틴은 그날 하루 종일 창밖을 바라보며 떨리는 마음으로 하나님을 기다렸다.

아무리 기다려도 온다는 하나님은 오지 않고 창밖에는 늙은 청소부가 눈을 맞으며 청소를 하고 있었다. 마르틴은 그를 가게 안으로 들어오게 한 뒤 따뜻한 차를 대접하였다.

청소부를 내보내고 두어 시간이 지나 창밖을 보니 아기를 안은 여인이 눈보라 속에서 떨고 있었다. 그는 여인을 가게 안으로 맞아들여 먹을 것을 대접하고 옷을 사주었다.

또 시간이 흘러 거의 해가 질 무렵 창밖을 바라보니 사과를 파는 늙은 노파가 사과를 훔친 소년을 붙잡고 야단치고 있었다.

마르틴은 밖으로 나가 소년의 죄를 뉘우치게 하고 사과 값을 대신 갚아주며 노파가 소년을 용서토록 권유하여 원만하게 해결해 주었다.

마르틴은 날이 어두워지자, 가게 문을 닫고 집으로 들어갔다. 그날 밤도 마르틴은 성경을 읽다가 잠이 들었다. 그때 어둠속에서 자신이 낮에 대접했던 늙은 청소부와 아기 안은 여인, 노파와 소년이 나타나 미소를 지었다.

그리고 하나님의 목소리가 들렸다.

"마르틴, 오늘 네가 만난 사람들이 바로 나다. 너는 나를 대접한 것이란다."

마르틴은 꿈에서 깨어나 펼쳐져 있는 성경을 보니 거기에 이런 내용이 있었다.

내가 주릴 때에 너희가 먹을 것을 주었고 목마를 때에
마시게 하였고 나그네 되었을 때에 영접하였고 헐벗었을
때에 옷을 입혀주었으니 • 마태복음 25:35-36

내 형제 중에 지극히 작은 자 하나에게 한 것이 곧 내게
한 것이니라 • 마태복음 25:40

마르틴은 오늘 예수가 자신에게 왔으며 그가 확실히 하
나님을 만나고 최선을 다해서 하나님을 대접했음을 깨닫
게 되었다.

『사랑이 있는 곳에 신이 있다』는 뒤늦게 구원의 감격을
깨닫게 된 마르틴이 하나님을 기다리면서 하루 동안 겪는
이야기로서 사랑이 있으면 하나님은 어디에서든 존재한다
는 메시지를 우리에게 전해준다.

내가 주의 영을 떠나 어디로 가며 주의 앞에서 어디로
피하리이까 내가 하늘에 올라갈지라도 거기 계시며 스올
에 내 자리를 펼지라도 거기 계시니이다 내가 새벽 날개를
치며 바다 끝에 가서 거주할지라도 거기서도 주의 손이 나
를 인도하시며 주의 오른 손이 나를 붙드시리이다

• 시편 139: 7-10

하나님은 무소부재하시며 그 존재와 섭리가 모든 피조
물 속에 있습니다. 하나님은 우리가 인식하는 세계 속에서
만 계신 것이 아니라 우리가 알 수 없는 그 어느 곳에나 계
실 수 있는 전지전능의 하나님입니다. 따라서 하나님은 어
디서든 우리를 만나실 수 있습니다.

하나님은 우리가 알지 못하는 모든 곳에 계시며 우리의 상황과 필요를 잘 아시는 분입니다. 우리가 어떠한 어려움을 겪고 있을 때라도 하나님은 우리와 함께 하시고 우리를 돌보십니다.

전능하신 하나님의 무소부재는 늘 우리에게 희망을 줍니다. 어떤 상황에서도 우리는 하나님이 우리 곁에 계시고 우리를 사랑하심을 믿습니다. 우리의 삶을 하나님께 맡기고 평안과 기쁨을 누리는 것이 행복의 이르는 길입니다.

인생은 살아가는 것이 아니라 살아내는 것이라고 합니다.

내 주위에 있는 사람들, 내가 매일 만나고 부딪치며 살아가는 이웃들, 바로 그들과 사랑으로 만나는 것이 하나님을 만나는 것 아닐까요?

감사가 주는
삶의 행복
ⓒ 임상호·조현선, 2024

초판 1쇄 2024년 12월 11일 찍음
초판 1쇄 2024년 12월 20일 펴냄

지은이 | 임상호·조현선
펴낸이 | 이태준

인쇄·제본 | 지경사문화

펴낸곳 | 북카라반
출판등록 | 제17-332호 2002년 10월 18일

주소 | (04037) 서울시 마포구 양화로7길 6-16 서교제일빌딩 3층
전화 | 02-486-0385
팩스 | 02-474-1413

ISBN 979-11-6005-151-3 03200
값 14,000원

북카라반은 도서출판 문화유람의 브랜드입니다.
저작물의 내용을 쓰고자 할 때는 저작자와 북카라반의 허락을 받아야 합니다.
파손된 책은 바꾸어 드립니다.